DER TOD DES LEIBES – KEIN TOD DER SEELE.

von

Prof. Georg Friedrich Daumer.

Neque enim assentior iis,
qui hoc nuper disserere coeperunt,
cum corporibus simul animos interire
atque omnia morte deleri.

Cicero.

DER TOD DES LEIBES – KEIN TOD DER SEELE.

Zeugnisse und Tatsachen der Jahrhunderte vor und nach Christus für den Glauben an Unsterblichkeit.

Zur Belehrung und zum Trost für Zweifelnde zusammengestellt

von

Prof. Georg Friedrich Daumer.

Impressum:
© 2020 Conrad Thiess (Hrsg. u. Bearb.)
Herstellung und Verlag: BoD – Books on Demand, Norderstedt.
ISBN: 978-3-75190-216-8

Vorwort.

DIE im Tode scheinbar vor sich gehende Auflösung und Vernichtung des gesamten individuellen und persönlichen Daseins und Lebens ist ein für die meisten Menschen furchtbarer Gedanke: und es kann solchen nichts wünschenswerter sein, als hierüber eine beruhigende Auskunft zu erlangen, namentlich eine solche, die auf festem, empirischem Grunde ruht und dem Tatsächlichen, was uns beunruhigt, auch wieder Tatsächliches entgegengesetzt.[1] Die scheinbare Zerstörbarkeit unseres Gedächtnisses und Bewußtseins, das Alter, die allmähliche Abnahme nicht nur der physischen, sondern auch der geistigen Kräfte, der Schlaf, die Ohnmacht, das im Tode eintretende Aufhören aller Zeichen und Spuren von innerer und äußerer Regsamkeit und Lebendigkeit, der vor Augen liegende starre, kalte Leichnam und der auch diesen letzten Rest der ehemaligen lebensvollen Erscheinung zerstörende, grauenhafte Verwesungsprozeß – wie sehr ist das alles geeignet, in Furcht und Schrecken zu setzen und den Glauben zu begründen, daß mit dem Tode „Alles aus sei!" Wem seine Religion ein bereits hinlänglicher Hafen und Anker in diesem Sturm beunruhigender Umstände und Gedanken ist, den muß man glücklich preisen,

---

[1] Schon vor 40 Jahren äußerte Autenrieth (*Über den Menschen*. Tübingen 1825. S. 84.): es sollte von der Naturwissenschaft aus, „auch für den kalten, redlichen Verstand" ein Boden gewonnen werden, aus dem sich der Glaube an Fortdauer nach dem Tode entwickeln könne. Einer der letzten Gedanken und Aufzeichnungen Jean Pauls (*Selina* II. S. 179 ff. 167) war der Satz: „es sei nichts nötiger, als den Begriff der Vernichtung zu tilgen"; und so sprach es auch schon Radowitz aus, es sei zum Behuf der zu heilenden Zeitgebrechen hochnötig und wünschenswert, daß sich die Fortdauer nach dem Tode wieder zur Gewißheit für alle Menschen erhebe – auf welche Äußerung Rudolph Wagner (*Über Menschenschöpfung und Seelensubstanz*, und *Der Kampf um die Seele*, Göttingen 1857) sich wiederholt bezogen hat.

und der bedarf eines weiteren Beistandes nicht. Es sind aber in unserer Zeit nicht viele, denen der einfache Religionsglaube genügt. Zum Glück gibt es trotz all dessen, was uns eine bevorstehende totale Vernichtung so unwiderleglich zu predigen scheint, gleichwohl auch Erscheinungen und Tatsachen, - welche, und das noch kräftiger und überzeugender, das Gegenteil lehren; und solche sollen hier, nicht in schwerfälliger und abstoßender Manier, sondern zum Behuf einer möglichst leichten Lektüre und raschen Auffassung in einer Reihe von Aphorismen, Nachweisungen, Notizen, Zeugnissen der Erfahrung und gewichtvollen Aussprüchen wissenschaftlicher Männer und denkender Schriftsteller vor Augen gelegt werden. Zuletzt sind anhangsweise noch einige in kontinuierlicher Weise erörternde Abhandlungen beigegeben. Damit hofft der Verfasser so manchem, welcher dem Tode mit Sorge und Angst vor einem drohenden Untergang der Seele, wie des Leibes, entgegensieht, einen nicht unwillkommenen Dienst zu leisten; und in diesem Sinne ist es, daß er das in persönlicher Beziehung höchst bescheidene und anspruchslose Werkchen dem Publikum zu freundlicher und wohlgemeinter Gabe bietet. Er hat, wie man finden wird, Stimmen und Nachrichten von den verschiedensten Seiten her und aus den verschiedensten Zeitaltern gesammelt und nichts verschmäht, was zu seinem Zweck dienlich schien. Es kam so ein gewiß imposanter und achtungswerter Chor von Autoritäten und Testimonien zusammen; und es dürfte eine solche Sammlung, außer dem Trost, den sie zu gewähren imstande ist, auch wohl ein historisches Interesse haben. Das Publikum, welches dem Verfasser vor Augen schwebte, ist ein sehr allgemeines; solchen Tönen, wie die hier angestimmten sind, wird wohl jeder bessere, feinere und tiefere Sinn ein williges Gehör leihen. Nur auf die Fanatiker der Negation, deren Leidenschaft es ist, dem Menschen alles zu rauben, was ihn vom Staub hinweg zu den Sternen emporrichtet, ist nicht gerechnet; daß wir mit diesen nichts zu tun haben, liegt in der

Natur der Sache; zu den Herzen und Geistern solcher Charaktere einen Weg zu finden, ist die reinste Unmöglichkeit. Alle übrigen werden sich an dem Beigebrachten wenigstens teilweise vergnügen und erbauen können.

Geschrieben zu Würzburg, im Frühjahr 1865.

Inhalt.

I.
Eingang.

Allgemeineres und mehr vorläufig zu Bemerkendes, namentlich was die Existenz eines besonderen Seelenprinzips, die Unstatthaftigkeit materialistischer und pantheistischer Ansichten und die Möglichkeit betrifft, das Geheimnis des Todes und des Zustandes der Seele nach dem Tode zu enthüllen und nachzuweisen.

1.

Unsterblichkeit zu demonstrieren,
Gereicht zu sonderlichem Segen;
Doch mußt du nicht viel deklamieren,
Nicht nur versuchen, uns zu rühren;
An der Bestimmtheit ist's gelegen.
Den festen Grund, nach dem wir brennen,
Das *Wie* der Sache lehr' uns kennen!
Dann wollen wir dich Meister nennen.

Wir denken keine hohlen, vagen
Trostworte schimmernd vorzutragen.
Durch Tatbestände wahr und rein
Soll das Problem entschieden sein.
Regt dann sich auch das Herz daneben –
Das, hoffen wir, ist zu vergeben.

2.

Der Geist schaut sich, wie Carus[2] bemerkt, „trotz der reißend dahinziehenden Metamorphose des Körpers" fortwährend als einer und derselbe an. Der Körper, wie schon Plato sah, hört nicht auf, unterzugehen; hier findet dem Stoff nach nichts Be-

---

[2] In seiner *Psyche*. Stuttgart 1851.

ständiges, sondern ein unaufhörlicher Wechsel statt; und diesem steten Sterben der Organisation zum Trotz spiegelt der eine, bewußte Geist sich immer als der nämliche, und erkennt nur die innerhalb seiner individuellen und persönlichen Identität vorgehende Veränderung an. Hier haben wir „eine Wahrheit, eine in jedem Augenblick sich fühlbar machende Tatsache", die vor allem hervorzuheben, wenn wir uns des Bleibenden und Ewigen unseres Wesens versichern wollen.

3.

Der äußere Mensch ist ein Objekt seiner Seele – und das ist vielleicht der stärkste Beweis, daß letztere doch noch ein wenig mehr ist, als eine Quantität Alkohol, die aus unserer übrigen Materie nach innen dampft.[3]

Daß sich der Mensch, als eigentliches, inneres Selbst und Ich, von seiner ganzen ihm werkzeuglich angebildeten und zugehörigen Äußerlichkeit zu unterscheiden, sich von ihr in sich zurückzuziehen, sich sogar feindlich und zerstörend dagegen zu verhalten vermag – das ist allerdings eine faktische Erfahrung und Gewißheit, die der Annahme, man habe es bei jenem inneren Selbst und Ich der „Seele", wie wir es zu nennen pflegen, ebenso, wie bei der physischen Außenseite, im Grunde nur einfach mit der Materie zu tun, gewichtvoll entgegensteht.

4.

Im Traum erblickt die Seele den Körper zuweilen, wie sie ihn wohl nach dem Tode sehen wird, als eine von ihr getrennte leblose Hülle.[4]

Auch dies ist eine sehr auffallende und merkwürdige Tatsache, indem sich das innere Wesen des Menschen jedenfalls vorstellend vom Körper löst, diesen zu seinem Objekt und sich zu dem davon verschiedenen Subjekt macht, so daß sogar eine

---

[3] Brachvogel, *Friedemann Bach.*
[4] Dr. Pfaff, *Ideen eines Arztes.* Dresden 1864.

Anschauung des Körpers, als eines fremden Gegenstandes, erfolgt.

5.

Man spricht dem Selbstmord nicht das Wort und muntert nicht dazu auf, wenn man auf das Vermögen des Menschen, sich zu entleiben, als auf etwas für Betrachtungen, wie die unsrigen sind, sehr Wichtiges hinweist, wie auch schon Carus[5] tut. Auch die Kraft und Freiheit, zu sündigen, ist ja ein Vorzug unserer Natur. Man soll sich, der christlichen Moral zufolge, nicht das Leben nehmen; aber daß man es kann, daß man in diesen extremen Gegensatz zum leiblichen Leben zu treten vermag, beweist eine gewisse Erhabenheit des innersten menschlichen Wesens über seine organische, und damit auch über die ganze Äußerlichkeit, mit welcher es durch jene zusammenhängt. Dies ist es, was Shakespeare in folgender Stelle ausdrückt:

„Dann, o ihr Götter, macht ihr Schwache stark,
Dadurch, ihr Götter, bändigt ihr Tyrannen.
Nicht felsenfeste Burg, noch eherne Mauern,
Noch dumpfe Kerker, noch der Ketten Last
Sind Hindernisse für des Geistes Stärke.
Das Leben, dieser Erdenschranke satt,
Hat stets die Macht, sich selber zu entlassen."

Es ist dies übrigens dasselbe Vermögen, welches, in anderer Richtung und Anwendung, auch dem Heldenmut, der die Todesgefahr verachtenden Kühnheit und Tapferkeit, der sich aufopfernden Liebe, dem für eine große, heilige Sache den Tod erleidenden Märtyrertum zugrunde liegt. Durch alles dies beweist der Mensch eine absolute innere Macht und Freiheit von allem Äußeren, allem sinnlich, irdisch, weltlich Existierenden und Einwirkenden.

---

[5] *Psyche*. Stuttgart 1851. S. 218.

6.

Der Mensch kann sich schon bei lebendigem Leib von seinem Leib scheiden, wie bei jedem tiefen Nachsinnen, jeder inneren Betrachtung und Gedankenarbeit geschieht. Da hört man wohl mit hörenden Ohren, sieht mit sehenden Augen nicht. Die Organe sind in ganz normalem, gesundem und wachem Zustand; der Schall, das Licht, das Bild dringt in sie ein – und dennoch wird nichts wahrgenommen. Das, was in den Ohren hört, in den Augen sieht, ist in sich zu rückgetreten, hat sich abgesondert, verhält sich als abgeschiedene Seele, als reiner Geist. Dies geheimnisvolle Etwas ist also nicht mit dem Körper identisch, oder sein Produkt oder ein von ihm völlig Abhängiges und Untrennbares. Es kann sich für sich setzen, für sich sein. Ich erinnere mich hier des Findlings Kaspar Hauser, der außerordentlich empfindlich war, der namentlich sehr fein hörte und sehr scharf sah, aber nachdenkend so sehr in sich versank, daß er von dem, was um ihn herum vorging, schlechterdings nichts hörte und sah. Ich habe ein solches Vermögen, sich nach außen hin abschließend zu verhalten und ganz in sich zu sein, sonst nie wieder beobachtet. Mir selbst ist einmal etwas sehr Verwunderliches begegnet. Ich leide an einer enormen Reizbarkeit des Gehörs; ich höre selbst im Schlaf ein geringes Geräusch und bedarf daher, um ungestört denken und ruhig schlafen zu können, der tiefsten Stille. Einmal aber befand ich mich in einer ganz außergewöhnlichen Situation, wo ich einen meine Aufmerksamkeit im höchsten Grade in Anspruch nehmenden Vortrag hielt. Da hörte ich einen Kanonendonner nicht, der die Geburt eines kaiserlichen Prinzen verkündete. Man verwunderte sich darüber sehr, als ich versicherte, ich hätte gar nichts davon bemerkt. Im allgemeinen ist die Tatsache eine ganz gewöhnliche, nur daß sie selten so vollkommen erscheint; und man sieht hieraus, daß die antimaterialistischen Beweise für das eigene, unabhängige Sein der Seele, die dann auch einen

Schluß auf die Möglichkeit ihres Fortbestehens im Tode zulassen, ganz nahe liegen.

7.

Daß es Krankheiten der Seele gibt, ist für uns ein entscheidender Beweis der besonderen Existenz der Seele, und dieser involviert zugleich den Beweis der Fortdauer. Am meisten sprechen dafür diejenigen Geisteszerrüttungen, welche ohne nachweisbares körperliches Kranksein stattfinden und welche in geringeren Graden viel häufiger sind, als man zu glauben pflegt. Und wie Seelenkrankheit, wenigstens eine Zeitlang, bei vollkommen gesundem Körper vorkommen kann, so haben wir auch nicht selten Gelegenheit, das Gegenteil zu beobachten, nämlich körperliches Kranksein bei vollkommen normalem Befinden der Seele. Denn in wie vielen, durch fast lebenslanges Siechtum erschöpften Körpern findet man eine herrliche Seele![6]

8.

Gerade die Gebrechen des Leibes und sein Verfall im Alter zeigen uns, wenigstens wenn uns ein lebhafter Geist und ein fortdauernder Tätigkeits- und Schöpferdrang erfüllt, wie wir im innersten Grund unseres Wesens etwas ganz anderes sind, als dieser zerrüttete, seinen Dienst versagende, seiner Auflösung entgegengehende Leib. Es gibt Menschen, die sich in solchem Fall in ihrem Streben und ihrer Wirksamkeit auf das Schmerzlichste gehemmt fühlen; denn in dem Kranken, wie in dem Alten, ist oft noch der regsamste Trieb und, was den Geist betrifft, die vollkommenste Befähigung energischer Manifestation; nur daß diesem Trieb, dieser Befähigung nicht mehr die Organe entsprechen. Wenn ein Maler die Hand verliert oder blind wird, so kann er nichts mehr leisten, ist aber nicht innerlich vernichtet, sondern noch ganz das nämliche künstlerische Ich; ist es noch ebensosehr, als wenn ihm bloß die Hand gebunden,

---

[6] Dr. Pfaff a. a. O.

das Auge mit einer Binde verdeckt wäre. So ist es auch in anderen Fällen, wo ein Mensch bei noch ungebrochenem Seelenleben durch physische Krankheit und Schwäche niedergeworfen wird. Da unterscheidet er sich nur zu deutlich und bestimmt von seiner leiblichen Existenz, als einer ihn im Stich lassenden dienenden Äußerlichkeit. Und so liegt es nahe, nicht nur ein einzelnes Glied, wie Hand und Auge, sondern auch den ganzen Kör per als ein werkzeugliches Mittel zu betrachten, wodurch sich unser inneres, geistiges Selbst seine Beziehungen zur Außenwelt gibt; es liegt nahe, sich die Möglichkeit zu denken, daß dieses Selbst, die sogenannte Seele, vom Körper ganz geschieden und für sich sein könne, und daß es auch wohl wieder mit einem solchen Organismus versehen werden könne, um seine Beziehungen zur Außenwelt zu erneuern.

9.

Die Abhängigkeit unseres Denkens, Empfindens, Urteilens und Wollens, somit unserer „Seele", von äußeren Lagen, Umständen und Einflüssen, zunächst von normaler oder krankhafter Beschaffenheit unseres Körpers, insbesondere unseres Gehirnes, wird von uns jeden Tag und jede Stunde in fühlbare, oft sehr niederschlagende und beschämende Erfahrung gebracht.

„Sind wir ein Spiel von jedem Druck der Luft?"

sagt Goethes *Faust*. Es läßt sich darüber in ganzen Kapiteln und Büchern handeln und damit der Beweis führen, daß es mit unserer geistigen Würde und Hoheit nicht weit her sei, und daß es eine selbständige Menschenseele, wie sie der Unsterblichkeitsglaube nötig hat, nicht gebe.

Aber dies ist nur eine Seite des Gegenstandes, und jener Beweis wird umgestoßen, wenn man eine ebensogut vorhandene und ebenso sprechende Klasse von Tatsachen ins Auge faßt. Vieles der Art wird man in Schuberts *Geschichte der Seele* zusammengestellt finden. Hier soll nur ein einziger, aber sehr entscheidender Fall, der die Unabhängigkeit der Seelentätigkeiten vom Gehirn dartut, angeführt werden.

Es wurde hier eine völlige Zerstörung des Gehirnes mit Lähmung und Verlust aller Sinne, das Gehör ausgenommen, und mit dennoch ungestörter Geistesverfassung wahrgenommen. Als die Schwester des Kranken am Karfreitag, dem Tag vor seinem Tode, zu ihm sagte: sie gehe in die Messe, erwiderte er: „Sage lieber: ich gehe zum Amt; heut' ist ja keine Messe." Um so sprechen zu können, dazu gehört Besinnung und Gedächtnis. Allein bei der Leichenöffnung war keine Spur vom Gehirn zu finden. Der Schädel glich einer leeren Büchse, die nur etwas Flüssigkeit am Boden enthielt.[7]

10.

Ein eigener Reiz und eine gewisse gesunde Kraft und Schönheit des Geistes, die in manchen Individuen oft erst bei leiblichen Krankheiten hervortritt, sich zuweilen auch wieder verliert, wenn die leibliche Gesundheit wieder in voller Blüte steht, ist eine sehr merkwürdige physiologische Tatsache. Wie häufig ist es z. B. vor gekommen, daß junge Landmädchen, von den sogenannten Entwickelungskrankheiten befallen, in sonderbare, idiomagnetische Zustände gerieten, wo dann eine Feinheit des Geistes, eine Kraft der Gedankenentwickelung und eine Tiefe der Gefühle hervortraten, welche sich bald wieder verloren, wenn diese Krankheiten vorüber. Ähnliches sieht man im männlichen Geschlecht. Es ist mir namentlich ein Fall bekannt, wo nach einer Hirnverletzung mit Hirnverlust eine feinere Art der Intelligenz und ein höherer Ausdruck der Rede bemerklich war. Auch hier verlor sich die höhere, geistige Gesundheit, sowie die Verletzung geheilt war. Übrigens fühlt ja auch jeder, daß die massive Gesundheit eines Athleten nicht

---

[7] Hufeland, *Journal der praktischen Heilkunde*. 1823. Oktoberheft.

zugleich mit der höheren Gesundheit des Geistes in einem tief denkenden Weisen vorkommen.[8]

Diesen Fällen gemäß stellt sich also die Sache so, daß der Leib auf Kosten des Geistes, der Geist auf Kosten des Leibes gesund und kräftig ist. Aber was ganz erstaunlich ist und sich mit materialistischen Ansichten schlechterdings nicht reimt, ist die Steigerung der Intelligenz im Fall einer Hirnverletzung mit Hirnverlust. Es scheint hier eine Anstrengung des geistigen Prinzips, sich dem körperlichen Schaden zum Trotz zu erhalten, eine daraus entspringende Selbstpotenzierung stattzufinden.

11.

Die Vorstellung müssen wir uns im Verhältnis zu unserer körperlichen Äußerlichkeit doch jedenfalls als etwas unendlich Feines und Zartes denken. Und die bloß durch sie ohne körperlichen Einfluß erregte Seelen- oder Gemütsbewegung ist ebenfalls etwas tief Inneres, Geistiges, in ein und dasselbe Gebiet mit der Vorstellung Gehöriges. Diese beiden zusammen nun, wie mächtig, wie auffallend, wie belebend und zerstörend wirken sie auf den Körper ein! Eine beschämende Vorstellung rötet das Angesicht, eine schmerzliche erzeugt einen Tränenerguß, eine schreckhafte macht, daß sich die Wange entfärbt, daß sich die Haare sträuben, daß man zittert und bebt, daß man auf der Stelle des Todes ist. Freudige Vorstellungen und Rührungen haben bewirkt, daß Kranke genesen vom Lager aufzustehen, daß Blinde wieder zu sehen vermochten etc. Traurige haben ebenso, wie schreckhafte, zuweilen einen plötzlichen Tod herbeigeführt. Ein ehemals berühmter Schauspieler, namens Palmer, hatte Frau und Kind verloren. Als er einige Wochen nachher wieder auf der Bühne erschien, spielte er seiner Gewohnheit gemäß bis in den dritten Akt hinein. Als hier aber an ihn die Frage: „Und deine Kinder?" gerichtet wur-

---

[8] Carus a. a. O.

de, sank er zu Boden und starb. Der Mann war bis dahin noch im Besitz seiner ganzen Kraft, und in dem Augenblick in deren tätiger Entwickelung begriffen. Seine Seele war hierbei von der ihm schmerzlichen Erinnerung abgelenkt. Aber nun ward ihm diese – eine bloße Vorstellung – mit einem Mal wieder erweckt und ergriff ihn mit solcher Gewalt, daß er sofort den Geist aufgab.[9] Hier muß man doch gestehen, daß das Feinste, Innerste, Seelenhafteste in uns zugleich auch das Mächtigste und darum schwerlich ein bloßes Produkt der materiellen Äußerlichkeit ist.

12.

Alles weist uns darauf hin, daß nur ein sich aus sich selbst Bewegendes – eine Entelochie mit Aristoteles, oder eine Idee nach Plato, oder eine Psyche, eine Seele, mit einem Wort ein Göttliches, nenne man es, wie man wolle, – die Grundbedingung jeglicher Lebenserscheinung und jeglicher Bildung sei.[10]

Schon die Alten haben erkannt, daß ein geistiges Prinzip die notwendige Voraussetzung des Lebendigen und organisch Gestalteten sei. „Die Seele ist die erste Wirklichkeit eines natürlichen, gegliederten Körpers", sagt Aristoteles. Welch ein schönes, großes Wort, und wie gesunken erscheint dagegen ein Zeitalter und eine Denkweise, für welche der Körper, die materielle Äußerlichkeit die erste, ja einzige Wirklichkeit der Seele ist!

13.

Es ist, außer der persönlichen Selbstbeziehung des Geistes, noch ein Zweites, was im Wechsel des Stoffes beharrt: die

---

[9] Diese und viele andere interessante Tatsachen der Art finden sich in Schuberts *Geschichte der Seele* und in der Zeitschrift: *Aus der Mansarde*. Heft V. S. 103 ff.

[10] Carus.

organische Form. „Trennen wir", sagt Carus, „in Gedanken den Stoff des Lebens von seiner Form; nehmen wir alle die chemischen Elemente, welche in ewiger Flucht durch die Form des organischen Lebens hindurchziehen, den Kohlenstoff, das Calcium, den Sauerstoff, Stickstoff, Wasserstoff, das Natrium, Eisen, Chlor etc. – was hat das an und für sich mit dem Leben, was mit den Vorgängen der Seele und des Geistes zu tun? Dies alles wird erst dadurch lebendig im menschlichen Sinne, daß es unter den Bann der Idee tritt, daß die Idee es zur organischen Form ordnet." Also auch schon im Körper etwas Geistiges und Dauerndes. Die bildende Seele hält hier ihre Idee fest, und der bewußte Geist schaut sich als eine sich selbst gleiche Persönlichkeit an, trotz all dessen, was stofflich kommt und geht, zur Verwirklichung der organischen Idee und zum Dienst des bewußten Geistes von außen her genommen ist und wieder dahin abgegeben wird.

14.

Die Welt scheint in dem Maß begreiflicher zu werden, als man sie zur Materie, zur geistlosen Äußerlichkeit und Stofflichkeit macht, weil an dieser das gemeine Vorstellen hängt. Aber dieses Vorstellen und das Begreifen der Dinge, die Auflösung des großen Welträtsels in klare Erkenntnis, ist zweierlei. Wenn alles nur Oberfläche wäre und die Dinge nicht auch eine geheimnisvolle Innerlichkeit hätten, welcher man sich so leichten Kaufes nicht bemächtigt, so wäre es mit der gemeinen Auffassung getan. Aber sowie man mit dieser an etwas Tieferes hinrührt, so tritt Unzulänglichkeit und Widerspruch hervor, so daß selbst die physische Welt ohne geistige Momente und höhere Grundlage nicht erklärt werden kann.

15.

Wir sind der festen Überzeugung, daß die Zeit nicht mehr fern sei, wo man einsehen wird, es gehöre eine gewisse Ruchlosigkeit dazu, dem Materialismus in sich Raum zu geben; denn der Glaube an Unsterblichkeit ist nicht nur eine Sache des Verstandes und der Spekulation, sondern auch des Herzens und der Gesinnung.[11] Wer bloß darum nicht an Unsterblichkeit glaubt, weil er ihre Möglichkeit nicht einsieht, und von den wider sie sprechenden Gründen geblendet ist, dem kann man keinen moralischen Vorwurf machen. Verabscheuungswürdig aber sind diejenigen, welche mit allen ersinnlichen Scheingründen, mit Vorbringung wissenschaftlich längst widerlegter Annahmen, ja mit Geltendmachung offenbarer Unwahrheiten[12] den Glauben an Vernichtung predigen und dem Menschen so recht geflissentlich jede Hoffnung im Tode rauben.

16.

Ein sehr schönes und tröstliches, schon von Carus in seiner *Psyche* zitiertes Wort von Goethe ist dieses: „Ich habe bemerkt, daß man sich aus dem Irren wie erquickt wieder zum Wahren hinwendet." So wird es denn auch wohl hinsichtlich der den Menschen unter die ausschließliche Gewalt der Materie beugenden Ansichten kommen, die eine Zeitlang so tyrannisch gewaltet haben und bei vielen noch fortwährend ihre Herrschaft behaupten. Man wird sich, satt dieser materialistischen Barbarei und Selbstwegwerfung, mit um so größerer Liebe zur Anerkennung des Geistigen und Ewigen im Menschen zurückwenden und sich hierbei wie neugeboren fühlen. Ja, die Umkehr hat schon begonnen, und selbst Ärzte schämen sich nicht mehr, Schriften über Unsterblichkeit zu verfassen.

---

[11] Dr. Pfaff.

[12] So heißt es in dem berüchtigten Buch eines materialistischen Arztes: „im Moment des Einschlafens beschleiche uns das unheimliche Gefühl der bevorstehenden geistigen Vernichtung", während sich doch alle Welt dem Schlaf mit der größten Gemütsruhe und dem vollsten Vertrauen auf seine freundliche, wohltätige, zum Fortleben stärkende Natur in die Arme wirft.

– – Allen, allen
Ist das Dasein so gelind.
Aus Goethes *Faust*.

Im allgemeinen zu verschweben,
Ist gut genug, wenn uns ein Gram
Ohn' alles Maß gefangen nahm.
Doch das Lebend'ge wünscht zu leben.
Herausgehoben aus der Nacht
Durch eine güt'ge Schöpfermacht
Ist's in die lichten Regionen,
Wo freundliche Distinktionen,
Wo selbstbewußte Wesen wohnen.
Da will es bleiben unverwischt;
Und Gott, er ist kein Gott der Toten.
Durch seinen holden Lebens-Oden
Wird ewig alles aufgefrischt.

18.

Kein Wesen kann in Nichts zerfallen;
Das Ew'ge regt sich fort in allen;
Im Sein erhalte dich beglückt!
Das Sein ist ewig; denn Gesetze
Bewahren die lebend'gen Schätze,
Mit welchen sich das All geschmückt.[13]

19.

Plato im *Phaidros* erkennt der Seele eine ununterbrochene
Lebendigkeit, somit Unsterblichkeit zu, weil sie nicht bloß von
anderem bewegt werde, sondern sich selbst bewege. „Was
einen Abschnitt der Bewegung hat, das hat auch einen Abschnitt des Lebens. Nur das sich selbst Bewegende, weil es nie

---

[13] Goethe.

sich selbst verläßt, wird auch nie aufhören, bewegt zu sein; vielmehr allem, was sonst bewegt wird, ist dies, das sich selbst Bewegende, Quelle und Anfang der Beweglichkeit."

20.

Da der Körper nur das Organ des Geistes ist, das dieser sich selbst geschaffen; da der Geist der Erste ist und seine Bestimmtheit nicht vom Körper erhält, sondern diesem die Bestimmtheit gibt, so kann aus dem Tode des Körpers nicht der Untergang des Geistes und seiner Urbestimmtheit folgen.[14]

21.

Wir können, als Lebende, kein unmittelbares Verhältnis zum Tode haben. Aber wir können zu ihm hintreten und ihn in der Nähe betrachten; es sind uns über ihn Erfahrungen möglich, welche hinreichen, um uns gegen ihn dreister zu machen, und zu bewirken, daß er uns nicht mehr zu imponieren vermöge.[15]

22.

Wie es im Physischen möglich gewesen, die Erde durch das Gesetz der Schwere an den Himmel zu knüpfen, und wie wir uns schmeicheln dürfen, durch die goldene Kette des allverbreiteten Lichtes selbst mit den entferntesten Sternen in freundlicher Wechselwirkung zu stehen, so mag auch wohl im Geistigen ein von der Natur ausgehendes Band zu finden sein, an welchem fortlaufend unsere bis jetzt bloß irdischen Wissenschaften sich zum Himmel zu erheben imstande sind.[16]

---

[14] *Der Geist und sein Verhältnis in der Natur.* Berlin, 1852. S. 442.
[15] Montaigne.
[16] Schelling. Was die von uns angeführten Äußerungen des Philosophen Schelling betrifft, so verweisen wir namentlich auf dessen Gespräch: *Über den Zusammenhang der Natur mit der Geisterwelt,* im IX. Band seiner gesammelten Werke.

23.

Muß nicht jedes Untergeordnete, Niedrigere eben dadurch, daß es die Staffel zum Höheren ist, mit diesem in einem natürlichen Bezug stehen?[17]

24.

Wenn der Aberglaube den natürlichen Zusammenhang der Dinge ganz übersieht, so entspringt der Unglaube aus einer Erstickung des im Innern sich regenden Göttlichen durch die Masse des Natürlichen, die er nicht in Bewegung bringen, nicht in lebendige, bis zum Geistigen fortgehende Steigerung versetzen kann.[18]

25.

Noch jetzt gilt von dem Gelehrten, was vor Zeiten gegolten: daß sie die Schlüssel der Erkenntnis weggeworfen, und, selbst nicht hineinkommend, den anderen hineinzukommen wehren.[19]

26.

„Sechstausend Jahre hat der Tod geschwiegen;
    Kam je ein Leichnam aus der Gruft gestiegen?" etc.
So in einem Gedicht von Schiller. Aber der Satz, daß der Tod ewig nur schweige und den Lebenden nicht kundtue, was sich hinter dem schwarzen Schleier birgt, den er um sich geschlagen, ist nicht wahr. Der Tod spricht selten; aber er spricht und offenbart in solchem Fall, soviel uns nötig ist. Es ist schon mancher tot gewesen und wieder lebendig geworden; man nennt das freilich nicht Tod, sondern Scheintod; aber für uns hier ist dieser Unterschied von keinem wesentlichen Belang. Im Scheintod kann die Menschenseele im Jenseits, sozusagen, einen

---

[17] Schelling.
[18] Schelling.
[19] Schelling.

Besuch machen und bei ihrem Wiedereintritt in die diesseitige Sphäre verkünden, was sie gesehen und erfahren hat. Schon das griechische Altertum hat sehr merkwürdige Fälle der Art aufzuweisen; ähnliches hat sich in späteren Zeiten begeben, und wir werden nicht ermangeln, einige solche unseren Absichten entsprechende Tatsachen vorzuführen.

27.

Die Geisterwelt ist nicht verschlossen;
Dein Sinn ist zu, dein Herz ist tot.
Auf, bade, Schüler, unverdrossen
Die ird'sche Brust im Morgenrot![20]

---

[20] Goethe.

II.
Gedächtnis und Erinnerung.

Ihre Unverwüstlichkeit und Wiederherstellungsfähigkeit aus jeder Art von Abschwächung und Verlorensein.

1.

Wir behalten alles, aber wir erinnern uns nicht an alles.[21]

2.

Wir nennen eine Vorstellung, welche wir nicht wieder aus dem Unbewußtsein in das Bewußtsein zu ziehen imstande sind, *vergessen.* Aber wir erkennen zugleich, daß hier ein relatives Verhältnis besteht; denn oft tauchen Vorstellungen, die wir für völlig verloren hielten, plötzlich wieder auf. Namentlich bei gewissen, ungewöhnlichen Zuständen, Krankheiten des Nervenlebens, hat man dergleichen bemerkt, so daß wir von einem absoluten Vergessen keinen Beweis haben.[22]

3.

Einen gänzlichen Verlust des Gedächtnisses bei heißem Wetter und seine Wiederkehr bei kühlem beobachtete van Swieten.[23]

4.

Ein frühzeitig gescheiter Knabe von acht Jahren vergaß zur heißen Sommerszeit alles, was er gelernt. Wenn es wieder kühl

---

[21] Jean Paul.
[22] Carus.
[23] Vergl. Schubert, *Ahnungen einer allgemeinen Geschichte des Lebens.* II. Bd. I. Leipzig 1807, S. 141.

wurde, hatte er in zwei bis drei Tagen sein Gedächtnis vollkommen wiedererlangt.[24]

5.

In einem bekannten, von Reil angeführten Fall hatte die hartnäckige Verstopfung einer bejahrten Frau stets, wenn sie mehrere Tage lang anhielt, ein Verschwinden ihres ganzen Gedächtnisses zur Folge, so daß am 2. Tage nur die Erinnerung an die zuletzt durchlebten Jahre, am 3. auch das Andenken an die Zeiten des kräftigeren Alters erlosch und nur das an die Kindheit blieb. Durch künstliche Wiederherstellung der natürlichen Ausleerung kehrte die ganze Erinnerung wieder und verschwand bei wiederholtem Eintritt und Zunehmen des Übels immer wieder in der nämlichen Aufeinanderfolge.

6.

Eine Frau fiel in ihrem ersten Wochenbett in ein hitziges Fieber, nach dessen Verschwinden sie von alldem, was seit ihrer Verlobung vorgefallen, keine Erinnerung mehr hatte. Mann und Kind waren ihr völlig fremd; sie war ihrer Meinung nach noch unverheiratet und benahm sich als Jungfrau. Nach einem ziemlich langen Zeitraum gelangte sie wieder zum Bewußtsein und zur Anerkennung ihrer wahren Verhältnisse.[25]

7.

Die Marchese Solari zu Venedig, deren Mutter eine Französin war, sprach in ihrer frühesten Kindheit französisch, verlernte jedoch diese Sprache späterhin. In einem Fieber vergaß sie plötzlich ihr Italienisches und sprach nun geläufig französisch. Nach der Genesung vergaß sie wieder das Französische und sprach italienisch mit alter Leichtigkeit. In ihrem hohen

---

[24] Dodart in der *histoire de l'académie royale des sciences à Paris 1701*. S. 72. - *Museum des Wundervollen*. I. St. 6. Leipzig 1805. S. 468 f.
[25] *Mus. d. Wundervollen*. I. St. 8. Leipz. 1804. S. 381.

Alter konnte sie abermals nicht mehr italienisch und drückte sich wieder französisch – in der Sprache ihrer Kindheit – aus.[26] Man sieht hier in einem recht frappanten Fall, wie gebrechlich unser Gedächtnis und wie vergänglich unser erlerntes Wissen ist – zugleich aber auch, daß dasselbe im geheimnisvollen Innern der Seele doch immer bewahrt bleibt und unter gewissen Umständen in seiner ganzen Bestimmtheit und Fülle wieder hervortreten kann.

8.

Musikalische Geschicklichkeit und Kenntnisse bedeutender Art gingen nach Dr. Cox durch eine Gemütskrankheit verloren, stellten sich aber, sowie diese verschwand, wieder her.[27]

9.

Abt Friedrich Sommer zu Murbach verlor einst plötzlich das Vermögen, sich auszudrücken und Menschen und Sachen mit ihrem Namen zu nennen. Seine äußeren Sinne waren fehlerlos, er sah und unterschied die Dinge, die er vor sich hatte; aber er sprach unrichtig und es fand sich, daß er auch nicht mehr lesen konnte. Nach drei Tagen verschwanden diese Mängel wieder, nur daß einige Abnahme der Intelligenz bemerklich blieb.[28]

10.

In Krankheiten geschieht es, daß Vorstellungen und Kenntnisse wieder zum Vorschein kommen, die seit vielen Jahren vergessen hießen, weil sie in so langer Zeit nicht ins Bewußtsein gebracht wurden. Wir waren nicht in ihrem Besitz, kommen etwa auch durch solche in der Krankheit geschehene

---

[26] Schubert, in seiner *Geschichte der Seele* nach einer mündlichen Mitteilung des Historikers Leopold Ranke.
[27] *Neues Museum des Wundervollen.* I. St. 3. Leipzig, 1822. S. 217 f.
[28] Rosinus Lentilius, in seinen *miscellaneis medico-practicis* III. S. 29.

Reproduktion nicht in ihren Besitz, und doch waren sie in uns und bleiben noch fernerhin in uns. So kann der Mensch nie wissen, wie viele Kenntnisse er in der Tat in sich hat, sollte er sie gleich vergessen haben.[29]

11.

Es gibt ein schon im Somnambulismus öfters sehr deutlich entwickeltes prophetisches Vermögen, nicht bloß für die Zukunft, sondern auch für die Vergangenheit. Die Somnambülen wissen mit einer bewundernswürdigen Klarheit alle jene kleinen, im Wachen längst vergessenen Begebenheiten und Zufälle, die ihnen einmal vor langen Jahren begegnet sind; und auch im Traum werden wir öfters an längst vergessene Begebenheiten aus der frühesten Kindheit erinnert.[30]

12.

Es war mir eine Frau bekannt, die zuweilen an dem allerheftigsten Nervenkopfweh litt. Wenn der Schmerz den höchsten Grad erreicht hatte, hörte er plötzlich auf, und sie befand sich in einem ihr angenehmen Zustand, der nach ihrer Aussage mit einem ungemeinen Gedächtnis bis in ihre frühesten Lebensjahre verbunden war.[31]

13.

Eine Frau sah im Fieber sich selbst als kleines Kind in einer Lehmgrube liegen und daneben eine die Hände ringende Wartfrau; bald darauf erblickte sie sich als größeres Kind am Fußende eines Bettes sitzen, worin ihre Mutter lag, und einen gewissen Spruch beten. Sie hielt dies für Phantasie und Krankheitsfolge; ihr Vater jedoch versicherte, daß sie einst als ganz kleines Kind, verwahrlost von ihrer Wärterin, in eine Lehm-

---

[29] Hegel.
[30] Schubert.
[31] Passavant, *Untersuchungen über den Lebensmagnetismus.*

grube gefallen, später aber bei einer gefährlichen Krankheit ihrer Mutter stets am Fußende des Bettes gesessen und einen Spruch gebetet, der ihr, da sie kaum noch sprechen konnte, von der Mutter beigebracht worden sei. Von beiden Ereignissen wußte die Frau im gesunden Zustand nichts mehr; längst hatte sie auch den Spruch vergessen.[32]

14.

Krankheiten, welche die Nerven in eine größere Wirksamkeit versetzen, erhöhen insgemein die Erinnerungskraft und pflegen die Vorstellungen, welche wir vor vielen Jahren hatten und die gleichsam in uns schlummerten, aufs Neue zu erwecken und zu beleben. Ein auffallendes Beispiel dieser Art wird in der *Berliner Monatschrift* vom November 1784, S. 345 f., erzählt. Ein Bauer zu Ressin sagte in einem Anfall von Wahnsinn einen griechischen Spruch aus dem *Neuen Testament* her, den er als Knabe auswendig gelernt hatte.[33]

15.

Goethe bemerkt bei Eckermann, es sei ihm ein Fall bekannt, wo ein alter Mann geringen Standes, in den letzten Zügen liegend, ganz unerwartet die schönsten griechischen Sentenzen rezitierte. Derselbe war in früher Jugend genötigt worden, allerlei griechische Sätze auswendig zu lernen, wodurch man einen vornehmen Knaben zum Lernen anspornen wollte. Er verstand das mechanisch ins Gedächtnis Gefaßte nicht und hatte bei seinem Tode seit fünfzig Jahren nicht mehr daran gedacht.[34]

16.

Es gibt Zustände, wo die Seele von einem Inhalt weiß, den sie längst vergessen hat und den sie im Wachen nicht mehr ins

---

[32] *Blätter* von Prevorst. VIII. S. 109 f.
[33] M. Wagner, *Beiträge*, Bd. 1. S. 325.
[34] *Eckermanns Gespräche mit Goethe*. III. S. 326.

Bewußtsein zu bringen vermag. Diese Erscheinung kommt in mancherlei Krankheiten vor. Die auffallendste Erscheinung dieser Art ist die, daß Menschen in Krankheiten eine Sprache reden, mit welcher sie sich zwar in früher Jugend beschäftigt haben, die sie aber im wachen Zustand zu sprechen nicht mehr fähig sind. Auch geschieht es, daß gemeine Leute, die sonst nur ihre Volkssprache mit Leichtigkeit zu sprechen gewohnt sind, im magnetischen Zustand ohne Mühe hochdeutsch sprechen. Nicht weniger unzweifelhaft ist der Fall, daß Menschen in solchem Zustand den niemals von ihnen auswendig gelernten, aus ihrem wachen Bewußtsein entschwundenen Inhalt einer, vor geraumer Zeit von ihnen durchgemachten Lektüre, mit vollkommener Fertigkeit hersagen. So rezitierte zum Beispiel jemand aus Youngs *Nachtgedanken* eine lange Stelle, von welcher er wachend nichts mehr wußte. Ein besonders merkwürdiges Beispiel ist auch ein Knabe, der in frühester Jugend durch Fallen das Gehirn verletzt und, deshalb operiert, nach und nach das Gedächtnis so sehr verlor, daß er nach einer Stunde nicht mehr wußte, was er getan hatte, und der, in magnetischen Zustand versetzt, das Gedächtnis vollkommen wieder erhielt; dergestalt, daß er die Ursache seiner Krankheit und die bei der erlittenen Operation gebrauchten Instrumente, sowie die dabei tätig gewesenen Personen angeben konnte.[35]

17.

Ein Knabe hatte infolge eines starken Stoßes am Kopf eine Lokalkrankheit des Hirns bekommen. In seinem vierten Jahr wurde er operiert und ein Depot, das sich gesammelt hatte, wurde herausgenommen. Der Knabe bekam öfters Nervenzufälle, die man anfänglich für epileptische hielt; allein es bildeten sich diese Zufälle in Akzesse von Wahnsinn aus. Der Knabe verlor zugleich so völlig sein Gedächtnis, daß er sich nicht erin-

---

[35] Hegel.

nerte, was er die Stunde vorher getan hatte. Puysegur übernahm es, ihn zu magnetisieren. Der Knabe wurde somnambul. Die heftigsten Anfälle von Wahnsinn, in denen er oft boshaft und zerstörungssüchtig war, verschwanden, sobald ihn die Hand des Magnetiseurs berührte. Sein Gedächtnis, das er durch seine Hirnkrankheit völlig eingebüßt hatte, war zurückgekehrt, und er erinnerte sich nun genau an alles, was in seinem Leben geschehen war. Er beschrieb die Entstehung seiner Krankheit, die Art der Operation, die er in seinem vierten Jahr erlitten hatte, die Instrumente, die man dabei angewendet, und sagte, ohne diese Operation hätte er sterben müssen; es sei aber bei derselben das Hirn verletzt worden und die Krankheit habe seitdem zugenommen. Er behauptete ferner, sein Wahnsinn könne durch den Magnetismus geheilt werden, aber sein Gedächtnis würde er nie wieder bekommen, und der Erfolg bewährte die Wahrheit seiner Aussage.[36]

In solchen Fällen erweist sich die Integrität des Gehirns allerdings als Bedingung geistiger Befähigung und Betätigung in Beziehung auf unser gewöhnliches, waches Sein; es zeigt sich aber auch, daß dies nur eine Seite unseres geistigen Lebens ist, und daß noch eine andere, tieferliegende vorhanden ist, wo sich das auf jener ersteren Seite zerrüttete und verdunkelte Bewußtsein unangetastet und unzerstört erhält.[37]

18.

Jean Paul erinnert an Fälle, wie die, wo einem Prediger der auswendig gelernte Virgil, den er dreißig Jahre lang vergessen hatte, auf einmal wieder ins Gedächtnis kam, und wo eine Jungfrau nach einem unnatürlichen Schlaf alles vergaß und alles Bekannte von den Buchstaben an bis zu den Freunden wieder kennenlernen mußte, nach einigen Monaten in einem zweiten

---

[36] Passavant, *Untersuchungen über den Lebensmagnetismus.* S. 100.
[37] Vergl. das Buch: *Der Geist und sein Verhältnis in der Natur.* Berlin 1852. S. 1401. 226.

Langschlaf wieder vergaß, aber bloß das nach dem ersten Erlernte; hingegen auf alles vor ihm Gewußte sich wieder besann – ein Gedächtnisumwechsel, der mehrere Jahre gedauert. Dazu komme das Wundergedächtnis der Hellseherin, ihr Erinnern, das in die Fernen und Nächte ihres Lebens und die frühesten Kinderjahre und tiefsten Ohnmachten reiche; und ihr Vergessen, da nach dem Schlaf das Auge sich wie eine Theaterversenkung oder wie ein Erdfall auftue und alle die neuen Reiche des Lebens verschlinge. Und nun zuletzt jene damit verwandten Erscheinungen, wenn kurz vor dem Sterben, wie dem Wahnsinnigen die Vernunft, so dem Kranken das jahrelang eingesunkene Reich des Gedächtnisses wiederkehrt!

19.

Jener fast hundertjährige Schieferdecker, der aus seiner gewöhnlichen, spätergeborenen Umgebung kaum noch eine Stimme vernahm und verstand, lebte ganz auf und verstand und beantwortete jedes Wort, wenn der Genosse seiner Jugend, der mehr als neunzigjährige Jäger zu ihm kam.[38]

20.

Bejahrte Personen sind imstande, sei es im Schlaf oder im Wachen, sich die Szenen ihrer Jugend zu vergegenwärtigen, und sich in ihrer Phantasie so lebhaft mit den Toten zu beschäftigen, daß sie zuweilen nicht imstande sind, sie von den Lebendigen zu unterscheiden. Es ist nicht ungewöhnlich, daß solche Personen fest geschlafen haben und dennoch behaupten, sie hätten gar nicht geschlafen, weil ihre Träume so lebhaft und deutlich sind, daß sie dieselben mit der Wirklichkeit verwechseln. In dieser Art des Deliriums erinnern sich schwache, alte Leute der Gesichtszüge, der Kleidung und Sprache ihrer

---

[38] Schubert, *Geschichte der Seele*. 2. Ausg. S. 302.

Freunde sehr genau, nachdem sie sie dreißig bis vierzig Jahre lang gänzlich vergessen zu haben scheinen.[39]

21.

Alte, dumpfe Greise wissen nichts mehr von all den folgenreichen, heiteren oder trüben Begebenheiten, die sie erlebt, nichts mehr von all jenen umfassenden, tiefen Kenntnissen, wodurch sie früher zu großen, männlichen Taten und Werken gereift; Newton und Kant verstehen ihre eigenen Werke nicht mehr; große, in Umgang der Alten graugewordene Philologen straucheln an leichten Sprachregeln usw. Und dennoch geht uns jenes wohlerworbene Eigentum unserer früheren Jahre, gehen uns jene Eindrücke und Gefühle nicht verloren. Vielfältige Erfahrungen haben gelehrt, daß öfters in der Stunde des Todes, in Träumen und ähnlichen Zuständen, ja in geringerem Maße schon im fröhlichen Rausch alle jene Erinnerungen und erloschenen Gefühle zurückkehren; daß dann auf einmal der vor wenig Tagen dumpfe, kaum seiner selbst sich bewußte Greis helle, klare Blicke über seine Vergangenheit zu tun vermag, alle seine vergessenen Kenntnisse wieder empfängt, und sich ihrer zum Teil in einem Grade mächtig zeigt, wie nie zuvor, in dem zugleich Sprache und Ausdruck sich veredeln. Die kindisch gewordenen Alten haben dies mit den Wahnsinnigen gemein. Die verlorengegangene Vernunft kehrt bei vielen kurz vor dem Tode mit der Erinnerung an die eigentlichen persönlichen Verhältnisse und an die ganze Reihe der Lebensschicksale zurück.[40]

---

[39] Dr. George Moore, *Der Beruf des Körpers in Beziehung auf den Geist.* Übers. v. Susemihl. Leipzig 1850. S. 477.
[40] Schubert, *Symbolik des Traums.* Leipzig 1840, S. 179 f.

III.

Das Alter.

Die mit dem Körper nicht gleichmäßig sinkende, der Vergänglichkeit nicht unbedingt unterworfene menschliche Geistes-, Lebens- und Charakterkraft.

1.

Haarlosen Redner Höhne nicht!
Oft ist gut, was Greise sprechen.
Aus welker Haut kommt
Weiser Rat oft.[41]

2.

Bald aber spricht ein Greis, von dessen grauen Haaren
Sein angenehm Gespräch ein neu Gewichte nimmt.
Die Vorwelt sah ihn schon; die Last von hundert Jahren
Hat seinen Geist gestärkt und nur den Leib gekrümmt.[42]

3.

Wenn die Suspension aller Kräfte durch den Schlaf nicht schadet, so ist ja das Alter nur ein leiserer Schlaf. – Der Körper verknöchert und verknorpelt sich lange vorher und sehr weit, indes der Geist noch seine alten Kräfte spürt; ja bei Greisen steht das leibliche Untersinken in gar keinem Verhältnis zu dem geistigen Obenbleiben.[43]

---

[41] Aus der *Edda*.
[42] A. von Haller, in seinem Gedicht: *Die Alpen*.
[43] Jean Paul.

4.

Es gibt Menschen, „denen bis ins höchste Alter unge-
schwächte Denk- und Behaltkräfte bleiben, und denen man das
Alter nur ansehen, nicht anhören kann."[44]

5.

Lernend ohn' Unterlaß,
Schreit' ich im Alter voran.[45]

6.

Es ist oft der Fall, daß das Alter sogar mehr Mut und Tapferkeit, als die Jugend beweist.[46]

7.

Der Mensch wird alt, sein Herz jedoch bleibt jugendlich.[47]

8.

– – jene Jugend, die uns nie entfliegt.[48]

9.

Isokrates zählte schon sechsundneunzig Jahre, als er seinen
Panathenaicus schrieb. Sophokles ward kurz vor seinem im fünf-
undneunzigsten Lebensjahr erfolgten Tode von seinem Sohn
Jophon dem Gericht als aberwitzig angegeben; er aber las den
Richtern seinen *Œdipus auf Kolonos* vor, und bewies durch die-
ses Kunstwerk, wie gesund sein Kopf noch war, so daß ihm die
Richter ihre höchste Bewunderung zu erkennen gaben, den
Sohn hingegen für verrückt erklärten.[49]

---

[44] Jean Paul.
[45] Solon.
[46] Cicero, *Cato Major.*
[47] Orientalischer Spruch.
[48] Goethe in Beziehung auf Schiller.
[49] Lucian in seiner Schrift: *Von den Altgewordenen.*

10.

Hieronymus, der in vielen Kriegen gewesen, große Strapazen durchgemacht und Wunden empfangen, lebte gleichwohl hundertundvier Jahre und war bis an den letzten Tag seines Lebens von ungeschwächten Sinnen, vollkommener Gesundheit und ein aufgeräumter Gesellschafter, worüber der von ihm im neunten Buch seiner *Geschichte Asiens* berichtende Agatharchides seine Verwunderung äußert.[50]

11.

Agesilaus war, wie man sagt, von kleiner Statur und wenig versprechend dem Äußerlichen nach; aber sein heiterer, froher Sinn, seine Scherzhaftigkeit, die ihm unter allen Umständen eigen blieb und alles grämliche, unfreundliche Wesen in Reden und Mienen von ihm entfernte, machte ihn bis ins hohe Alter liebenswürdiger, als schöne und wohlgebildete Leute zu sein pflegen.[51]

12.

Vier kraftvolle Söhne, fünf Töchter, ein so großes Hausgesinde, eine solche Menge von Klienten beherrschte Appius[52], ein Greis und noch dazu ein erblindeter. Denn sein Geist war wie ein Bogen gespannt und ward nicht vom Alter bewältigt. Er behauptete nicht nur das Ansehen, sondern auch die Herrschaft über die Seinigen; es fürchteten ihn die Sklaven, mit Ehrfurcht behandelten ihn die Kinder; allen war er teuer und wert.[53]

---

[50] Lucian in seiner Schrift: *Von den Altgewordenen.*

[51] Plutarch im *Leben des Agesilaus.*

[52] Appius Claudius Cäcus, einer der aus gezeichnetsten Männer des alten Roms.

[53] Cicero, *Cato Major* II.

13.

„Fast bis auf seine letzte Stunde sahen wir den Caius Gallus, den Freund deines Vaters, mein Scipio, mit der Ausmessung des Himmels und der Erde beschäftigt. Wie oft überraschte ihn das Tageslicht, wenn er in der Nacht etwas zu zeichnen begonnen, wie oft die Nacht, wenn er morgens den Anfang gemacht! Wieviel Vergnügen machte es ihm, uns eine Sonnen- oder Mondfinsternis lange vorauszusagen! Andere fanden an anderen einen scharfsinnigen Geist erfordernden Beschäftigungen Vergnügen. Mit welcher Liebe arbeitete Nævius an seiner *Geschichte des punischen Krieges* und Plautus an seinem *Unfreundlichen* und an seinem *Pseudolus.* Ich habe auch noch den alten Licius gekannt, der sechs Jahre vor meiner Geburt sein erstes Schauspiel herausgegeben und bis an die Zeit meines Jugendalters unter solchen Beschäftigungen fortlebte. Was soll ich von dem Eifer sagen, mit welchem Publius Licinius Crassus und jener Publius Scipio, der vor wenigen Tagen Pontifex Maximus geworden, sich sowohl des oberpriesterlichen, als des bürgerlichen Rechtes befleißigte? Aber alle die obengenannten Männer waren schon Greise, als wir an ihnen einen so glühenden Eifer für die Wissenschaften bemerkten. Wie emsig ferner sahen wir den Marcus Cathegus, welchen Ennius mit Recht das „Mark der Beredsamkeit" nennt, sich in dieser selbst noch als Greis üben![54]

14.
Carbajol.

Ein nicht edler und liebenswürdiger, aber wegen der außerordentlichen Lebenskräfte, denen selbst das höchste Alter nichts anhaben zu können schien, ungemein merkwürdiger Mann, der im 15. und 16. Jahrhundert lebte, in den italienischen Kriegen jener Zeit unter den berühmtesten Feldherren diente, dann

---

[54] Cato in Ciceros *Cato Major* 14.

nach Mexiko ging, eine Rolle in Peru spielte und daselbst ein unglückliches Ende nahm. Man kann das Nähere über ihn in Prescotts *Geschichte der Eroberung von Mexiko* nachlesen; ich hebe hier für den besonderen Zweck dieser Schrift und dieser Abteilung derselben, welche dartun soll, daß in dem Menschen bei aller Vergänglichkeit und Hinfälligkeit seiner Erscheinung doch etwas Unverwüstliches, und daß namentlich die Macht des Alters keine so unbedingte ist, als man sich vorzustellen pflegt, folgende Stellen aus.

Es ist von der Schlacht in den Ebenen von Chupas die Rede. „Vaca de Castro befolgte den Rat Francisco de Carbajols. – – – Dies ist die erste Gelegenheit, wo der Name desselben in diesen mexikanischen Kriegen vorkommt. Er war nach 40jährigen europäischen Feldzügen, worin er unter Gonsalvo de Cordova die Kriegskunst erlernt hatte, ins Land gekommen. Obgleich in Jahren weit vorgerückt, besaß er doch noch den ungezähmten Mut und die ganze Energie der Jugend und gab glänzende Beweise von den Lehren, die er unter seinem großen Befehlshaber empfangen hatte.“[55] – – – Centeno wagte es nicht, diesem furchbaren Helden in offenem Kampf gegenüberzustehen. Er zog sich mit seinen Truppen in die Wildnisse der Sierra zurück. Carbajol setzte ihm nach und verfolgte seine Spur über Berge, durch Sümpfe, Wälder und gefährliche Schluchten, ihm weder Tag noch Nacht Ruhe vergönnend. Im Sattel essend, trinkend und schlafend, sah der 80jährige Krieger seine Leute, einen nach dem anderen, ermatten[56], während er, gleich Bürgers willdem Jäger, zur ferneren Jagd antrieb, als wär' er mit übermenschlicher Kraft begabt und jeder Ermüdung unzugänglich. Diese schreckliche Verfolgung wurde über 200 Leguas weit durch ein wüstes Land fortgesetzt.“[57] – – – „Bei einem so unge-

---

[55] Prescott a. a. O. Buch V. Kap. 6.
[56] Sie waren wohl alle viel jünger als er.
[57] Daselbst. Buch IV. Kap. 9.

wöhnlichen Charakter, bei Kräften, die so weit über die der Menschheit gewöhnlich zugemessene Zeit hin ausdauerten und bei so heftigen Leidenschaften in einem am Rande des Grabes stehenden Mann war es nicht zu verwundern, daß viele fabelhafte Geschichten über ihn verbreitet wurden und daß er als eine Art von überirdischem Wesen – als der Dämon der Andes – mit geheimnisvollem Schrecken umkleidet war."[58] – – – „ Carbajol war einer der merkwürdigsten Charaktere dieser dunklen unruhigen Zeiten, um so merkwürdiger wegen seines hohen Alters, denn zur Zeit seines Todes stand er in seinem 84. Lebensjahr – ein Alter, wo Körperkräfte und Leidenschaften abgestumpft zu sein pflegen; aber das Feuer der Jugend glühte heftig und unauslöschlich in dieses Mannes Brust."[59]

Er wurde in dem Treffen von Xaquixaguana, wo Gonzalo Pizarro geschlagen wurde, mit diesem gefangengenommen und zum Tode verurteilt. Sein schreckliches Los war, geviertelt zu werden; er starb ungebeugten Mutes und mit einem Spott auf den Lippen.

Die Wissenschaft hat es zu bedauern, daß es einem Menschen von so gewaltiger Naturbeschaffenheit und von so unerschöpflichen Lebenskräften nicht vergönnt war, auf natürliche Weise zu endigen. Wie gern möchte man wissen, wie lange er gelebt haben, und wann endlich der Zeitpunkt eingetreten sein würde, wo ihn die Last der Jahre niedergebeugt hätte! Was die Natur für sich und ohne von höheren Einflüssen über sich selbst erhoben zu werden, leisten kann, das stellte sich in diesem willden, furchtbaren Krieger dar, und hätte sich uns, wäre er nicht gewaltsam hinweggeräumt worden, noch vollständiger bis zu der auch ihm gesetzten, jetzt nicht zu bestimmenden Grenze geoffenbart.

---

[58] Daselbst. Buch V. Kap. 4.
[59] Daselbst. Buch V. Kap. 4.

15.

Der kranke und schon halb erblindete Galilei beschäftigte sich mit Untersuchungen in der Mechanik und schrieb noch zwei wichtige Werke über die Gesetze der Bewegung. Mit den letzten Resten seines Augenlichtes entdeckte er noch 1637 die Libration des Mondes, kurz darauf ward er völlig starblind. Aber auch jetzt noch ruhte sein Geist nicht. Er schrieb im Jahre 1638: „Ich grüble in meiner Finsternis bald diesem, bald jenem Gegenstand der Natur nach und kann meinen rastlosen Kopf nicht zur Ruhe bringen, so sehr ich es auch wünsche." Er starb 1642, am 8. Januar, am Geburtstag Newtons.[60]

16.
Hans Sachs.

Seine schönste Periode setzt man gewöhnlich in die Jahre 1530–1558. Allein diese Angabe wird durch seine Werke widerlegt. Viele seiner späteren Dichtungen haben noch ganz das frische Kolorit der früheren. Die Güte seiner Gedichte scheint daher mehr von der Geistesstimmung, in der er sich gerade befand, wenn er dichtete, als von seinem Lebensalter abgehangen zu haben. Der Greis hatte noch ganz das Feuer und selbst die mutwillige Laune des jungen Mannes.[61]

Der genannte Nürnberger Dichter ward geboren im Jahre 1494 und starb im Jahre 1576. In seinem 66ten Jahr verlor er seine erste Gattin und vermählte sich darauf im Jahre 1561 mit seiner zweiten, Barbara Harscherin, die er 1562 in einem äußerst naiven, lieblichen und lebensfrischen Gedichte[62] besang. Dieselbe, die diesem Gedicht zufolge ein jugendliches Wesen von ganz besonderer Schönheit und Anmut und von bedeutenden Geistesgaben gewesen sein muß, scheint sich bei dem

---

[60] Mädler, *Popul. Astronomie.* Berlin 1849, S. 610.
[61] J. A. Götz, *Hans Sachs* II. Nürnberg 1829. S. XII.
[62] *Das künstliche Frauenlob.* S. die angeführte Auswahl von Götz I. S. 12 ff.

wiewohl bereits so bejahrten Mann nicht übel befunden zu haben, da unter anderem auch ihre große, stets ungetrübte Heiterkeit hervorgehoben wird.

17.

Franklin starb 1790 in seinem 85ten Jahr; und erst 1788 als 82jähriger Greis hatte er sich von den Staatsgeschäften losgemacht; 1787 war er noch als Abgeordneter des Staates Pennsylvania wirksam, als zu Philadelphia eine neue Verfassung für die Vereinigten Staaten Nordamerikas beraten wurde.

18.

In Clavigeros *Geschichte von Mexiko*[63] wird von einem Franziskaner, namens Diego Ordonnez erzählt, welcher 107 Jahre alt wurde, noch im letzten Monat seines Lebens die Kanzel bestieg und in seiner letzten Predigt mit den Worten des Apostels: „Ich habe einen guten Kampf gekämpft", von seinen Zuhörern Abschied nahm.

19.

Julie Bondeli[64] gibt eine Beschreibung von Rousseaus Persönlichkeit und sagt dabei: „Er ist dreiundfünfzig Jahre alt, achtzig, wenn er schweigt, und dreißig, wenn er spricht." Seine Hinfälligkeit und Kränklichkeit machte, daß er weit älter, sein Geist, daß er viel jünger erschien, als er wirklich war.

20.

Blumenbach ist alt, aber von lebhaftem und heiterem Ausdruck; er hat sich die ganze Beweglichkeit seiner Jugend zu bewahren gewußt.[65]

---

[63] T. II., S. 312 der deutschen Ausgabe.
[64] *Über Rousseau*. Übers. v. Schädelin. Bern 1838.
[65] Soret bei Eckermann. III. S. 5.

21.

Goethe wird nun in wenigen Jahren achtzig Jahre alt; aber des Forschens und Erforschens wird er nicht satt. In keiner seiner Richtungen ist er fertig und abgetan, er will immer weiter, immer weiter – immer lernen, immer lernen und gibt sich dadurch als einen Menschen von ewiger, ganz unverwüstlicher Jugend kund.[66]

22.

Goethe ist eigentlich nie jung gewesen und nie alt geworden. Verstandesreife, vollkommene An- und Durchsicht der Verhältnisse hatte er schon in der Jugend. Im Alter blieb die Erregbarkeit des Gefühls, wie sie in der Jugend war.[67]

23.

Ich sehe die reizende Lili wieder in aller Lebendigkeit vor mir, und es ist mir, als fühlte ich wieder den Hauch ihrer beglückenden Nähe.[68]

24.

Wir haben hier eine Erzählung mit lebendigen Gestalten, wahrheitsgemäßen Schilderungen und mannigfacher Anregung vor uns, die der Geistesfrische des 70jährigen Autors alle Ehre macht und uns glauben läßt, daß wir von seiner eleganten Feder noch manches schöne Erzeugnis zu erwarten haben. Es ist keine so seltene Erscheinung, daß die Natur ihre Kraft zu den besten Produktionen lange aufspart, wie dies Beispiel der Literatur- und Kunstgeschichte hinlänglich zu erkennen gibt.[69]

---

[66] Eckermann. 1825.
[67] Karoline v. Wolzogen.
[68] Goethe im Jahre 1833. *Eckermanns Gespräche mit Goethe.* III. S. 299.
[69] *Historisch-politische Blätter.* Bd. LII. Heft 12. München 1863. S. 949. In Beziehung auf einen Roman v. Aug. Lewald.

25.

W. Hesse[70] berichtet von seinem zweiundachtzigjährigen Großvater, der Begebenheiten aus seinen Jugendtagen so feurig erzählte, als ob sie sich gestern erst ereignet hätten. „Sein Körper war matt und welk geworden, allein sein Geist war noch mitten im Leben."

26.

Dir wandelt Gentz, sagst du mir, nur wie ein Traum der Jugend. Wenn es wahr ist, daß ich alt bin, so habe ich meine Jugend mit herübergenommen; mir wandelt nichts wie ein Traum von daher.[71]

27.

Es gibt Menschen, die ihre Jugend erst im Alter erleben.[72]

28.

Goethe gefiel mir diesen Abend ganz besonders. Das Edelste seiner Natur schien in ihm rege zu sein; dabei war der Klang seiner Stimme und das Feuer seiner Augen von solcher Kraft, als wäre er von einem frischen Auflodern seiner besten Jugend durchglüht. – Merkwürdig war es mir, daß er, der selbst in so hohen Jahren noch einem bedeutenden Posten vorstand, so ganz entschieden der Jugend das Wort redete und die ersten Stellen im Staat, wenn auch nicht von Jünglingen, doch von Männern in noch jugendlichem Alter besetzt haben wollte. Ich konnte nicht umhin, einige hochstehende deutsche Männer zu erwähnen, denen im hohen Alter die nötige Energie und jugendliche Beweglichkeit zum Betrieb der bedeutendsten und mannigfaltigsten Geschäfte doch keineswegs zu fehlen scheine.

---

[70] *Briefe über Unsterblichkeit.* S. 187.
[71] Rahel, *Briefe* II. Berlin 1834. S. 153 f.
[72] Jean Paul.

„Solche Männer und ihresgleichen", erwiderte Goethe, „sind geniale Naturen, mit denen es eine eigene Bewandtnis hat; sie erleben eine wiederholte Pubertät, während andere Leute nur einmal jung sind."[73]

„Wir nehmen bei vorzüglich begabten Menschen, auch während des Alters, immer noch frische Epochen besonderer Produktivität wahr; es scheint bei ihnen immer einmal wieder eine temporäre Verjüngung einzutreten; und das ist es, was ich eine wiederholte Pubertät nennen möchte."[74]

29.

Solche Beispiele beweisen etwas in der Tat Unverwüstliches, dem Geschick der physischen Äußerlichkeit nicht Unterworfenes im Menschen. Sie zeigen uns, daß man Leib und Geist nicht so unbedingt identifizieren und Alter und Tod nicht so ganz einfach, wie nach gemeiner Vorstellung, als einen bloßen Nachlaß, ein bloßes Aufhören der das Individuum ausmachenden Lebenskräfte, zu fassen hat. Auf keinen Fall kann man sagen, es sei Regel und Naturgesetz, daß Körper und Geist in demselben Verhältnis abnehmen und so, sichtbar aneinandergebunden, oder gar identisch, miteinander auch untergehen.

---

[73] Eckermann III. S. 233 f.
[74] Goethe bei Eckermann. III S. 234 f.

IV.
Der Schlaf.

Allgemeine Bemerkungen über dessen Matur, Bedeutung und Verhältnis zum Tode, nebst einschlägigen Beispielen und Tatsachen.

1.

Schlaf und Traum – ein Paar Erscheinungen in der animalischen Ökonomie, die so viel Rätselhaftes haben, daß sie uns in das größte Erstaunen setzen würden, wenn sie nicht so alltäglich wären.[75]

2.

Der Schlaf, ein Abgrund, in den wir hineintauchen können, mit der Hoffnung, zu den Füßen unseres Bettes unsere Pantoffeln wiederzufinden, glücklicher hierin, als Empedokles.[76]

3.

Warum ist der Schlaf unentbehrlich? Nicht etwa deswegen, damit der Organismus durch Ruhe neue Kraft zum Wirken sammle. Gerade das Organ, das ein ganzes Säkulum wirkt, ohne auch nur eine Stunde lang auszuruhen, schläft nie.[77]

4.

Der Schlaf kann nicht als bloßes Ausruhen betrachtet werden. Es hört in diesem Zustand weder die Tätigkeit der Seele, noch des Körpers auf. Namentlich ist die Seele im Traum oft sehr tätig. Und doch ist der Schlaf, selbst wenn man auf das Lebhafteste geträumt, erquicklicher und stärkender, als ein bloßes Ruhen im Wachen, wenn dabei auch noch so wenig vorgestellt

---

[75] Reil.
[76] Balzac.
[77] Reil.

und gedacht wird und das körperliche Verhalten ein noch so ruhiges und störungsloses ist.[78]

5.

Den Sklaven läßt der Schlaf seinen Dränger vergessen, dem Gefesselten erleichtert er seine Bande; Entzündungen der Wunde, wilde, im Fleisch um sich fressende Geschwüre und heftige Schmerzen mildern sich und verlassen den Schlafenden.
O Schlummer, o süße Labe, o du des Kranken Trost!
Wie freundlich, als ich dein bedurfte, nahtest du![79]

6.

Ein Kranker, von welchem die *Philosophical Transactions* Nr. 304 erzählen, schlief bis zur 17ten Woche; als er endlich aus diesem langen Schlaf erwachte, war er von seiner Krankheit genesen. In einem anderen Fall der Art führte ein viermonatliches Schlafen die Genesung herbei.[80]

7.

Der Schlaf erdrückt nicht, er entwickelt Kraft und die aus ihm kommende körperliche Stärkung wird auch geistige.[81]

8.

Der Schlaf soll „einen ganz direkten Beweis für die Vernichtbarkeit der Seele liefern." Diese Behauptung beruht auf der Annahme, daß der tiefe Schlaf traumlos, die Seele in ihm in reiner Untätigkeit und somit auf eine Zeitlang „im wahren Sinne des Wortes vernichtet" sei! Hierauf ist in einer Zeitschrift[82] Folgendes entgegnet worden: „Was meine eigene Er-

---

[78] S. hierüber die unten folgende Abhandlung Nr. II.
[79] Aus *Orestes* von Euripides. Plutarch in seiner Schrift: *Vom Aberglauben.*
[80] Vergl. Schubert, *Geschichte der Seele.* 2. Ausg. S. 246 f.
[81] Jean Paul.
[82] *Aus der Mansarde.* I. S. 182 f.

fahrung betrifft, so weiß ich gewöhnlich, wenn ich vom Schlaf erwache, nichts von Träumen, die ich darin gehabt. Wenn ich aber in der Nacht aufgeweckt werde, so weiß ich, daß ich eben geträumt. Ich merke daraus, daß ich immerfort träume. Schon die Möglichkeit, erweckt zu werden, ist bedeutsam. Denn wie könnte man im Schlaf gestört, aufgeschreckt, durch Nennung seines Namens u. dergl. selbst aus dem tiefsten Schlaf wachgerufen werden, wenn Seele und Bewußtsein wirklich so ganz vernichtet wäre? Noch aus anderen Erscheinungen und Erfahrungen ist zu schließen, daß Bewußtsein und Vorstellung, daß selbst eine gewisse Aufmerksamkeit auf die Außenwelt nie aufhört, daß die Seele somit auch in diesen geheimnisvollen Zuständen fortwährend tätig und wirksam ist. Manche Menschen haben bekanntlich das Vermögen, zu einer genau bestimmten Zeit willkürlich aufzuwachen. Dies wäre nicht denkbar, wenn sich die Seele nicht ihres Vorsatzes auch im Schlaf durchweg bewußt bliebe und sogar die Zeit wüßte und deren Verlauf wunderbar zu beurteilen imstande wäre, um den vorherbestimmten Augenblick des Erwachens zu treffen. Eine Frau erzählte mir, wie sie in ihrer Jugend einen tiefen, kaum zu erweckenden Schlaf gehabt, und wie sie, da sie Mutter ward, in großer Besorgnis gewesen, sie möchte jenes Umstandes wegen in der Nacht ihr Kind versäumen. Es sei aber ganz anders gekommen; denn wiewohl sie sonst im Schlaf nichts vernommen, was um sie herum vorging, sei sie jetzt bei der leisesten Regung ihres Kindes sofort aufgewacht. In anderen Fällen hat sich, wie Schubert in seiner Geschichte der Seele angibt, ein fortwährendes Aufmerken auf die Außenwelt darin gezeigt, daß die Seele ihren Leib aus dem tiefsten Schlaf erweckte, wenn sich eine Gefahr nahte, und das selbst dann, wenn dieses Nahen ungleich leiser und unmerklicher war, als anderes Geräusch, das kurz vorher um den Schlafenden laut wurde.“

9.

Das Eigenleben der Seele, dessen selbständiges Bewegen zugleich ein Hinwegweichen von dem Mittelpunkt alles Seins und Lebens ist, würde für sich selber unaufhaltsam zum Tode und zur Vernichtung gehen, wäre nicht das Band einer mütterlichen Weisheit da, welches alles Sinkende mitten in seinem Fall aufhält und das Vergehende zu einem Werdenden und Bestehenden für viele macht. Wie dies ein Tag den anderen lehrt: das Werk des Lebens würde ohne Aufhören zur Erschöpfung der Kraft und zur Auflösung führen, umschlänge die Lebendigen nicht stets wieder von neuem das mütterliche pflegende Band des Schlafes. So wird vermöge der Wirkung eines alle zusammenhaltenden Geistes das täglich, ja in jedem Augenblick sich wiederholende Sterben zu einer leiblichen Gestaltung, welche nach bestimmten Gesetzen ihre Zeit hindurch zunimmt und wächst und dann wieder abnimmt und verschwindet.[83]

10.

Ich erinnerte Varnhagen an das, was ich immer sage: Im wahren, festen Schlaf gehe die Seele nach Hause, sich zu stärken, sonst halte sie's nicht aus; das sei ihr versprochen. Sie bade sich in Gottes See.[84]

11.

Daß sich die Seele im tiefen Schlaf mit dem universalen göttlichen Wesen vereinige, ist ein Satz der indischen Vedanta-Lehre.[85]

---

[83] Schubert, *Geschichte der Seele.* 2. Ausg. S. 602.
[84] Rahel.
[85] S. darüber Lassen, *Indische Altertumskunde.* III. Leipzig 1858. S. 429 und die daselbst zitierten Schriften.

12.

Die attischen Mysterien wurden in die großen und die kleinen unterschieden. Letztere bezogen sich auf jene und bildeten eine Art von Vorbereitung dazu. Dieser Unterschied wurde auf Schlaf und Tod angewendet, man sagte: „der Schlaf sei die kleinen Mysterien des Todes."[86]

13.

„Bedenkt, daß nichts dem Tode näher verwandt ist, als der Schlaf; dabei aber erscheint die menschliche Seele am göttlichsten, denn sie sieht da manches Zukünftige voraus." So der sterbende Cyrus bei Xenophon und Cato bei Cicero; aus den im Schlaf erhöhten Seelenkräften wird auf noch erhöhtere im Tode geschlossen.

14.

Die prophetische Natur des Schlafes und Traumes, und die Befähigung solcher Zustände, zum Mittel göttlicher Offenbarung zu dienen, wird im *Alten Testament* stark hervorgehoben. Man erinnere sich z. B. an die Träume Jakobs und Pharaos und Josephs Traumdeutung. Jakob entschläft zu Bethel und sieht im Traum jene bis zum Himmel reichende Leiter, auf welcher die Engel Gottes auf- und niedersteigen.[87] Man könnte sagen, daß Schlaf und Traum selbst in ihrer tieferen Eigenschaft und Bedeutung eine solche Leiter seien.

15.

Im Schlaf stirbt dein schwaches Ich,
Was Höheres beherrschet dich;
Wie mit dem Kinde die Mutter, spricht
Gott bildlich in dem Traumgesicht;
Es tauchen auf prophetische Lehren,

---

[86] Plut. *Consol. ad Apollon.* c. 12.
[87] 1. Mos. 28, 12.

Die wache Menschen überhören;
Trost, Warnung und Urklarheit bricht
Aus jenem heiligen Schoß ans Licht;
Du stehst in einer Wundertiefe –
Wer wäre, der nicht gern entschliefe?[88]

16.

„Ihr Traum ist sehr artig", sagte Goethe, als ich ihm heute nach Tisch die Hauptzüge davon mitteilte. „Man sieht", fuhr er fort, „daß die Musen Sie auch im Schlaf besuchen, und zwar mit besonderer Gunst; denn Sie werden gestehen, daß es Ihnen im wachen Zustand schwergeworden wäre, etwas so Eigentümliches und Hübsches zu erfinden."

„Ich begreife kaum, wie ich dazu gekommen bin", erwiderte ich, „denn ich fühlte mich alle die Tage her so niedergeschlagenen Geistes, daß die Anschauung eines so frischen Lebens mir sehr fernstand."

„Es liegen in der menschlichen Natur wunderbare Kräfte", erwiderte Goethe; „und eben wenn wir es am wenigsten hoffen, hat sie etwas Gutes für uns in Bereitschaft. Ich habe in meinem Leben Zeiten gehabt, wo ich mit Tränen einschlief; aber in meinem Traum kamen nun die lieblichsten Gestalten, mich zu trösten und zu beglücken; und ich stand am anderen Morgen wieder frisch und froh auf den Füßen."[89]

17.

Ein frommer Jüngling, katholischer Konfession, hat mir schriftlich mit der größten Genauigkeit einen eigentümlichen Schlafzustand, in welchen er verfiel, und ein ihm in solchem gewordenes symbolisches und prophetisches Traumgesicht beschrieben, wo eine ganze zusammenhängende Reihe von Bildern aufs lebendigste vor seine Seele trat und die bevorstehende

---

[88] Schlemmer.
[89] Eckermann.

Tilgung eines großen, traurigen Übels, an dem er litt, tröstlich verkündete und versicherte. Es war im Frühjahr 1862; der Knabe war 12 Jahre alt, als er eine bösartige Augenentzündung bekam und infolgedessen völlig erblindete. Er wurde in diesem Zustande öfters nach einer kleinen Kapelle geführt, wo sich ein Bild der schmerzhaften Mutter Gottes befindet, zu welchem vom Volk viel gebetet wird. Eines Morgens fiel er, ermüdet von einer mit ihm vorgenommenen ärztlichen Untersuchung, in eine Betäubung, wurde zu Bett gebracht und träumte nun jenen Traum.

Ein freundliches Männchen mit schneeweißem Haar und Bart erschien, unterhielt sich mit ihm über sein Leiden, stellte Hilfe in Aussicht, forderte ihn auf, nur gleich in die Kapelle zu gehen und verschwand dann wieder. Der Knabe ging nun im Traum hellen Auges durch das Dorf zur Kapelle, die sich nicht so, wie sie damals stand, sondern so, wie sie späterhin in vergrößerter Weise gebaut wurde, darstellte. Er stieg die Stufen empor, kniete auf der obersten nieder und betete einige Gebete. Da ward die Wand hinter dem Altar und dem Muttergottesbild auf demselben weggerückt; die Gegend lag offen da und es zuckte ein blendender Blitz, der den Betenden rückwärts von der Stufe hinabschleuderte. Nach dem sich der Knabe von seinem Schrecken erholt und wieder erhoben hatte, stieg er von neuem empor, kniete nieder, betete und erfuhr wieder dasselbe, was ihm vorher widerfahren war. Nun nahm er entsetzt die Flucht; auf dem Weg nach Hause trat ihm jedoch das freundliche Männchen entgegen, das ihn in der Stube besucht hatte, richtete ihn wieder auf und befahl ihm, mutig und gläubig zur Kapelle zurückzukehren, denn die himmlischen Mächte prüften erst, ob der Mensch ihre Hilfe durch Vertrauen und Ausdauer zu verdienen imstande sei. Der Knabe gehorchte und trat dicht vor den Altar hin, fühlte aber seine Kräfte erschöpft und berührte, um sich zu halten, den im Schoß der Mutter liegenden Leichnam des Herrn. Er empfand die Kälte eines wirklichen Toten und die Elastizität seines Fleisches, ja, da er staunend prüfte und über das Bild hinstreifte, die Nässe der aus der Seitenwunde rinnenden Flüssigkeit. Zu gleicher Zeit verbreitete sich ein wunderbar lieblicher Geruch und ein feierlicher Gesang in den schönsten und süßesten Tönen erscholl. Als er verhallte, schwebten zwei Engel hernieder, hinter dem Bild der schmerzhaften Mutter Gottes erschien das der Mutter Gottes von der unbefleckten Empfängnis und trat an die Stelle des ersteren, welches verschwand. Während nun der Knabe mit der neu erschienenen Jungfrau sprach, langte das Jesuskind, das sie auf den Armen trug, mit beiden Händen nach ihm; Maria aber, mit leiser, gleichsam hauchender Stimme sprechend, versprach Genesung. Der darüber entzückte Knabe konnte vor Freude kein Wort des Dankes stammeln, sondern nur einen Kuß auf den Altar drücken. Da ward er durch ein Gespräch erweckt, sprang auf und bat die Mutter, ihn nur gleich in die Kapelle zu führen. Sie tat es. Im Laufe des Sommers trat vollständige Genesung ein.

Es ist dies nur ein Auszug aus der mit allen kleinen, zum Teil unwesentlichen Umständen aufgezeichneten Darstellung, die keinem Verdacht der Erfindung unterliegt.

18.

Muiron, einer der Adjutanten Napoleons im 1. italienischen Feldzug, hatte den Tag vor der am 13. April 1795 geschlagenen Schlacht folgenden Traum. Es war ihm, als befände er sich auf einem mit Leichen und Verwundeten bedeckten Schlachtfeld. Vor ihm stand ein riesenhafter, von Kopf bis Fuß gewaffneter Ritter, der statt des Schwertes eine Sense als Waffe hatte. Muiron kämpfte mit ihm und bemerkte, wie während des Kampfes ein Stück von dem Harnisch des Ritters nach dem anderen zur Erde fiel, bis zuletzt ein abscheuliches Gerippe vor ihm stand. Nach langem Kampf ließ ihn der Ritter los und sagte:

„Heute habe ich nicht Herr über dich werden können; aber ich werde dir deine besten Freunde nehmen; und was dich selbst betrifft, so wirst du mich in neun Monaten wiedersehen." Junot, Muiron's Freund, erhielt am nächsten Tag in der Schlacht eine schwere Wunde, die jedoch nicht tödlich war. Muiron aber fiel genau acht Monate später in der Schlacht bei Arcole am 18. November 1796.[90]

19.

Nach Ennemosers Ansicht[91] tritt der Mensch im Schlaf in das Allgemeine, Raum- und Zeitlose zurück, so daß er einen größeren Anteil an dem Weltganzen hat, und auch wohl die leisen, alle Geschöpfe durchwehenden göttlichen Einwirkungen vernimmt, von welchen er sich im Wachen ichheitlich abschließt. In das Bewußtsein treten dann Dinge, die dem wachen Menschen durchaus entzogen sind, indem der Seele die innere Naturorganik geöffnet wird, wo nicht nur die abgesonderten Objekte der Gegenwart, sondern die Kausalreihen des gesamten Zeitlaufes vor Augen treten; daher sie ganze Räume und Zeiten überblickt, und das oft so klar und scharf, daß sie den Raumort auf Punkte und den Zeitmoment auf Minuten bestimmt.

20.

Es ist mir schon oft geschehen, daß ich beim Aufwachen in der Frühe einen vollständig fertigen Gedanken in der Seele fand, der hell, wie ein Transparent, und laut, wie eine Stimme, alle Aufmerksamkeit auf sich zog und zugleich durch die Angemessenheit für mein augenblickliches Bedürfnis und durch eine eigentümliche Autorität Gemüt und Willen in Anspruch nahm. Ob es die eigene Seele ist, in der sich während des Schlafes eine Gedankenknospe zur Blüte erschlossen hat, oder ob es ein hö-

---

[90] *Les Aides de camp de l'Empereur.* Par Marco de Saint-Hilaire. Tome I. p. 30 et 38. Bruxelles. A. Jamar, Editeur-libraire. 1841.
[91] *Der Geist des Menschen in der Natur.* Stuttgart und Tübingen 1849.

herer Geist, ein Schutzgeist ist, der diese Gedankengabe während des Schlafes in die Seele gelegt und wie eine Blume zum Morgengruß zurückgelassen hat, weiß ich nicht zu sagen. So lag mir nun bei dem Aufwachen im Bahnwagen eine lebendige Aufforderung in der Seele, ich solle bei dieser Reise mutig auf Gott vertrauen, und die Versicherung, es werde alles gutgehen.[92]

21.

Ein Geistlicher hat aus dem Mund eines anderen folgende kleine Geschichte vernommen und in einem bekannten Buch[93] mitgeteilt. Letzterer memorierte einmal im Bett seine Predigt und schlief darüber ein. Das Licht brannte tief herab und würde, wenn der Geistliche nicht erwacht wäre, gezündet und wohl auch ein Brandunglück verursacht haben. Nun sieht aber dieser im Traum seine verstorbene Mutter hereintreten, und es scheint ihm, als nähme sie seine Hand und halte sie über das am Bett stehende Licht. Er empfindet die Hitze, erwacht und sieht seine Hand wirklich über die Flamme hin ausgestreckt. Man kann dies verschiedentlich auffassen, als eine wirklich objektiv begründete Geistererscheinung oder als die Folge eines Erkennens der drohenden Gefahr im Schlaf, welches sich in jene Traumgestalt einkleidete. Auch in letzterem Fall ist der Fall merkwürdig und bezeugt die Möglichkeit einer Wahrnehmung dessen, was um den Schlafenden vorgeht, und einer zweckmäßigen Tätigkeit der Seele im Schlaf und Traum.

22.

Schelling[94] spricht von dem Bestreben der Inder, in den Zustand einer gänzlichen Vereinigung mit Gott zu gelangen.

---

[92] Alban Stolz in dem Buch: *Besuch bei Sem, Ham und Japhet*. Freiburg im Breisgau. 1858.
[93] Es ist in der vorhergehenden Nummer zitiert.
[94] *Philos. der Mythologie*. Stuttgart und Augsburg 1857. S. 574.

„Dieser Zustand", sagt er, „ist nicht als der der Vernichtung zu betrachten, wenn er auch etwa mit dem Schlaf verglichen wird. Denn der Schlaf ist ja auch keine Vernichtung. Und wer kann doch eigentlich wissen, welcher Genüsse die Seele im Schlaf fähig ist, aus welcher Quelle jener Balsam strömt, mit dem ein gesunder Schlaf auch den Geist erquickt. Denn daß wir uns solcher Genüsse nicht erinnern, kann nicht deren Abwesenheit erweisen, sondern nur, daß sie keiner Übertragung in den wachenden Zustand durch Erinnerung fähig sind, wie die Vorgänge des magnetischen Schlafes."

23.

Der Balsam des wunden Lebens – der Schlaf – kann doch nicht zugleich das auflösende Gift desselben vorbedeuten.[95]

24.

Der Schlaf ist mehr Vorbild der Dauer als des Todes, so wie die Ohnmacht. Denn gibt es eine lebendigere Auferstehung, als die, daß die Seele, die vorher von der Sinnenwelt ganz abgeschlossen, ja von ihrer eigenen entfernt war, plötzlich mit ganz wiederhergestellter, d. h. unverlorener Kraft wieder in die Welt blickt und greift?[96]

25.

Es ist ein und derselbe Stab des Merkur, welcher den Schlaf gibt oder nimmt, und derselbe ist es auch, welcher die Augen zum Tode schließt; Virgil. *Æn.* IV. 244: „Dat somnos adimitque et lumina morte resignat."[97]

---

[95] Jean Paul.
[96] Jean Paul.
[97] Schubert, S. überhaupt dessen *Geschichte der Seele.* 2. Ausg. S. 248.

V.
Tiefere und geheimnisvollere Schlafzustände nebst anderen damit verwandten Erscheinungen.

Scheintod. Folter- und Hexenschlaf und ähnliche Erscheinungen. Somnambulismus. Hochschlaf und andere Entrückungen in ein höheres Gebiet mittelst ungewöhnlicher und außerordentlicher Körper- und Seelenzustände.

1.

Aufmerksamkeit und nachdenkenerweckend ist auch die ganz besonders heilende, schmerzstillende Kraft, welche in jenem tiefen, todähnlichen Schlaf liegt. Die aus schweren Krankheiten in Scheintod Verfallenen erwachten vollkommen genesen und sehr gestärkt; bei einer an bösartigen Blattern Erblindeten hatten die Augen ihre Sehkraft, bei einer an der Pest scheinbar Verstorbenen der Leib so viel Stärke wieder erhalten, daß die Neubelebte zu Fuß vom Kirchhof nach der Stadt gehen konnte. Auch solche, bei denen die Starrsucht mit andauerndem Bewußtsein verbunden gewesen, erzählen, daß mit dem Eintreten der Erstarrung alle Schmerzen und Beängstigungen der vorangegangenen Krankheit aufgehört. Es hat in kleinerem Maß schon der gewöhnliche Schlaf, noch mehr die Ohnmacht schmerzstillende und heilende Kräfte.

Sehr merkwürdig ist die schmerzstillende und heilende Kraft des Scheintodzustandes. Der Abläder Brocke in Halle konnte, da er als Kind an bösartigen Blattern verstorben schien, beim Erwachen aus dem Scheintod auf dem vorhin ganz erblindeten Auge wieder sehen; das Wittenbergische Knäblein August Schwenke, dessen zarten Leichnam man mitten im Winter bloß mit dem Hemdlein bekleidet an einen kalten Ort gelegt, verlangte, als es am Morgen der Beerdigung erwachte, sogleich zu trinken. Das Geräusch, welches der Hausgenosse beim Holzholen neben der Leiche gemacht, schien das Kind wie aus einem gesunden Morgenschlummer geweckt zu haben, und es schadete dem vorhin krank Gewesenen und nun Genesenen nicht einmal die Unvorsichtigkeit, mit der man es aus der Winterkälte herein sogleich zum warmen Ofen brachte. Schlagflüssige, ja sogar an der Pest und anderen vorhin alle Kräfte lähmenden Übeln Verstorbene, konnten, wenn sie aus dem todähnlichen Schlummer erwachten, die Glieder von neuem brauchen; jenes Weib zu Köln ging unbeschwert den Weg vom Begräbnisplatz zu ihrer Wohnung etc.[98]

2.

Die Seele der Scheintoten ergreift zuweilen der Zustand der inneren Entzückung oder Ekstase bei gänzlich mangelndem äußeren Gefühl. – – – Schon mit tiefen Ohnmachten ist, wie einige in den medizinischen Anekdoten erzählte Fälle bezeugen, öfters ein Gefühl von unbegreiflich süßer Ruhe verbunden.[99]

3.

Eine Person, die sich ihres Zustandes während der Asphyxie (des Scheintodes) nach dem Wiedererwachen zu erinnern wußte, sagte von sich selbst: „Ich hatte ein Gefühl wie ein Erwachen aus einem süßen Morgentraum. Ist so der Augenblick des Todes, so ist es einer des höchsten Wonnegefühls."[100]

---

[98] Schubert, *Geschichte der Seele.* § 23. S. 308 u. 327 der 2. Ausgabe.
[99] Schubert, *Geschichte der Seele.* 2. Ausg. S. 328.
[100] Hagen, *Sinnestäuschungen.* S. 184. - Nasse, *Zeitschrift 1825.* H. I. S. 189.

4.

Zehn Tage lang lag der Pamphilier Eris unter den Leichen der in einer Schlacht Getöteten. Er wurde von da weggebracht und zwei Tage hernach auf den Scheiterhaufen gelegt. Da erwachte er und erzählte wunderbare Dinge, wie er sie in der Zeit seines scheinbaren Todes erfahren hatte.[101]

5.

Plutarch[102] erzählt folgende Geschichte: Thespesios aus Soli fiel heftig auf den Nacken und schien tot zu sein. Aber drei Tage später, da er bestattet werden sollte, erwachte er wieder und erzählte hierauf: es sei ihm anfangs gewesen, als habe sein ganzes Wesen plötzlich aufgeatmet und sich nach allen Seiten umgesehen, wie wenn seine Seele ganz nur Auge gewesen, während er zugleich auf einem Lichtstrom sanft fortgetragen wurde. Dann sei ihm eine geistige Person von unaussprechlicher Liebenswürdigkeit erschienen, die ihn zu verschiedenen Regionen hingeführt und ihm die Geheimnisse der göttlichen Weltregierung erklärt habe. Diese Vision übte einen so mächtigen Einfluß auf ihn aus, daß er von jener Zeit an völlig umgewandelt erschien; denn er war ausschweifend und verschwenderisch gewesen; nun aber nahm er eine ernste Richtung, war edel, fromm, gewissenhaft. Hier ist also beschrieben, wie das Erwachen der Seele nach dem Tode beschaffen. Von besonderer Merkwürdigkeit ist auch der Zug, daß dieser Thespesios in der Vision des Scheintodes die Sterne ungeheuer groß, durch unermeßliche Zwischenräume getrennt, und einen wunderbar gefärbten Glanz ausströmen sah. Er erblickte sie also in ihrer wirklichen, nicht scheinbaren Größe und ihren wahren Raumverhältnissen im Universum gemäß.

---

[101] Valerius Maximus I. *Extern.* I.
[102] De his, qui sero a numine paniuntur.

6.

Wir müssen hier auch eines Ereignisses gedenken, welches sich im ersten Dezennium des 16. Jahrhunderts in Mexiko begeben, welches in mexikanischen Gemälden abgebildet und worüber ein legales Zeugnis nach Madrid gesendet worden ist. Wir entnehmen die Erzählung, die den Scheintod einer Schwester Montezumas, namens Papantzin, und das prophetische Traumgesicht betrifft, welches sie in diesem Zustand gehabt, dem bekannten Werk eines glaubwürdigen Schriftstellers, der Geschichte von Mexiko von Abt Clavigero[103], dessen von uns abgekürzter Bericht der folgende ist.

Die erwähnte Dame war mit dem Statthalter von Tlatelolco vermählt, wurde Witwe und verfiel 1509 in einen todähnlichen Zustand, infolgedessen sie für wirklich tot gehalten und in einer Grotte des Gartens, der zu ihrem Palast gehörte, nahe bei dem Springquell, wo sie sich zu baden pflegte, beigesetzt wurde. Tags darauf sah ein vorbeigehendes kleines Mädchen die Prinzessin an den Stufen der Fontäne sitzen. Auf einen freundlichen Zuruf derselben näherte sich ihr das Kind, ohne etwas Besonderes dabei zu denken, und erhielt von ihr den Befehl, die Frau des Oberhofmeisters herbeizurufen, welche, als sie die Auferstandene erblickte, vor Schrecken in Ohnmacht fiel. Das Kind holte andere Leute; die Prinzessin überzeugte sie, daß sie kein Gespenst sei, sondern wirklich lebe, und ließ, da man sich fürchtete, die Sache ihrem Bruder zu melden, den tezcucanischen König Nezahualpilli, einen mit großer Weisheit und Wissenschaft ausgerüsteten Mann, rufen. Derselbe traf sie in ihrem Palast und sprach dann mit Montezuma, der nun ebenfalls erschien, worauf Papantzin den beiden Fürsten und ihrer adeligen Begleitung Folgendes vortrug:

Sie sah sich in ihrem todähnlichen Schlaf auf eine unübersehlich große Ebene versetzt, die mit fürchterlichem Geräusch

---

[103] Buch V. Kap. 12.

ein Strom durchfloß. Hier sollte sie hinüber[104] und war eben im Begriff, sich hineinzuwerfen, als sie einen schönen, edelgebildeten Jüngling sah, der ein langes, schneeweißes, leuchtendes Gewand trug, Flügel von schönen Federn hatte und auf der Stirn mit einem Kreuz bezeichnet war. Derselbe hielt sie von ihrem Vorhaben mit der Bemerkung ab, daß hierzu noch nicht Zeit sei; es würden große Veränderungen im Reich vorgehen, die sie noch zu erleben bestimmt. Die Fürstin erblickte hierauf einige große Schiffe, erfüllt mit Menschen einer fremden Rasse, weiß von Farbe, bärtig und mit Helmen und Fahnen versehen. Der Jüngling sagte, daß dies die künftigen Eroberer und Beherrscher dieser Reiche und Völker seien, und daß mit ihnen zugleich die Kenntnis des wahren Gottes ins Land kommen werde. Wenn die Kämpfe vorüber und das von Sünden reinigende Bad eingeführt sei, solle Papantzin dasselbe zuerst empfangen und durch ihr Beispiel andere zur Nachfolge bewegen. Die Erscheinung verschwand sofort, die Prinzessin erwachte, erhob sich, schob den Stein von der Höhle weg und trat ins Freie hinaus, worauf dann das schon Erzählte erfolgte.

Sie lebte, sagt man, noch viele Jahre nachher in stiller Eingezogenheit, eine, wie es scheint, für die christliche Lehre besonders empfängliche Seele, empfing dann, als die erste, 1524 zu Tlatelolco die Taufe und wurde Donna Maria Papantzin genannt.

7.

Ein schwächlicher Bauernknabe starb scheinbar an einer kurzen, schmerzlichen Krankheit, wurde jedoch nach vier Stunden aus dem Scheintod erweckt und klagte weinend über den traurigen Tausch, da man ihn einem so herrlichen Aufenthalt entrissen. Sein geistiges Wesen zeigte sich erhöht, seine

---

[104] Wie sehr dies mit den Vorstellungen der Alten von den Flüssen der Unterwelt, namentlich dem Styx, zusammentrifft, bedarf keiner Erläuterung.

Sprache weit edler als früher hin. Die Eltern und der Schullehrer sagten aus, daß dieser Knabe früher sehr beschränkt gewesen.[105]

8.

Etwas ungemein Merkwürdiges und für unser gewöhnliches Vorstellen sehr Auffallendes und Befremdliches ist die doch unbestreitbare Erfahrungstatsache, daß der höchste Grad der Marter und Folterqual in eine Art von Schlaf mit den ganz entgegengesetzten Empfindungen der Wonne und des Glückes überzugehen imstande ist. Hier zeigt es sich, daß es für die Seele ein stilles, mysteriöses, ihr selbst im gewöhnlichen Zustand verborgenes und verschlossenes Asyl der Innerlichkeit gibt, in welches sie sich im Fall höchster Not und Bedrängnis zurückzuziehen oder in welches sie vielmehr von einer höheren Macht liebend und schützend zurückgezogen und zurückgenommen werden kann. Auf solche Fälle müssen wir achten, um durch die Erfahrung selbst, der es so fern zu sein scheint und in der Regel allerdings auch ist, von einem geheimen Reich des Daseins und Bewußtseins, in welches auch im Tode überzugehen möglich, eine unseren Glauben weckende oder stärkende Kunde zu erlangen.

9.

Menschen, welche die Qualen der Folter oder andere Todesmartern erduldeten, sind, mitten in ihrer Pein, von einem Schlaf ergriffen worden, der sie der Schmerzen vergessen und unempfindlich gegen alle Verletzungen machte.[106]

---

[105] *Geistliche Fama.* Bd. I. St. 3. S. 40. – Steinbeck, *Der Dichter ein Seher.* S. 544.
[106] Schubert, *Geschichte der Seele.* §. 20. S. 241 der 2. Ausg.

10.

Gemeiniglich beobachtet man, daß die Hexen, wenn sie hinaufgezogen werden, einschlafen, nicht anders, als wenn sie sanft in einem Bett ruhten.[107]

11.

Bei einem Hexenprozeß am Hof der merowingischen Könige wurde der Präfekt Mummolus gefoltert, und sagte dann aus, er habe keinen Schmerz auf der Folter empfunden.[108]

12.

Hexenrichter des 17. Jahrhunderts berichten, wie der Teufel, um die gelichteten Reihen seiner Anhänger zu rekrutieren, die Tortur ordentlich in den Ruf eines Lustbettes gebracht, indem die Elenden, die infolge derselben in Betäubung gefallen, wenn sie wieder zu sich gekommen, auf Befragen die Antwort gaben, daß die tiefe Ohnmacht etwas Paradiesisches habe.[109]

13.

Eine Witwe Lücken zu Arnum im Kalenbergischen kam wegen eines Viehsterbens in Untersuchung, weil sie einmal morgens früh ein Tier, das wie ein Iltis ausgesehen und wie ein Schwein geschrien, mit der Rute geschlagen. Da sie der Henker mit den Beinschrauben unmenschlich angriff, bekam sie fürchterliche Verzuckungen, sprach drei verschiedene Sprachen, und schlief endlich auf der Marterbank in der Art ein, daß sie tot zu sein schien. Die Juristenfakultät zu Helmstädt verordnete, die peinliche Frage durch nachdrücklichere Instrumente „ziemli-

---

[107] Carpzov, *Pract. rer. crim.* p. 3. quest. 125. Nr. 67.
[108] Gregor. Turonens. *Hist.* L. V. c. 40. L. VI. c. 35.
[109] Fischer, *Somnambulismus* I. S. 346.

chermaßen" zu schärfen; sie schlief jedoch wieder ein und konnte zu keinem Geständnis gebracht werden.[110]

14.

Ein zu Prag im Jahre 1461 auf die Folter gebrachter mährischer Bruder geriet nach Erzählung der *Pragischen Chronik* in einen Zustand, den die Henker für den Tod hielten, weshalb er von der Leiter herabgelassen und als Leichnam hingeworfen wurde. Er kam aber in einigen Stunden wieder zu sich und erzählte, wie er während der Marter einen anmutigen Traum[111] gehabt, der sich nachher als ein zugleich symbolischer und prophetischer erwies.[112]

15.

Auch von einem Galgenschlaf wird erzählt. Im Jahre 1595 wurde in der Stadt Wert in Brabant ein Knecht als Dieb zum Galgen geführt. Als er auf der Leiter stand, bat er aus tiefem Herzen Gott, er möchte doch seine Unschuld an den Tag kommen lassen; indem stieß ihn der Henker von der Leiter. Darauf hing er drei ganzer Stunden mit geschlossenen Augen, nicht, wie ein Gehängter, sondern wie ein Schlafender! Das fiel auf; ein Reiter schnitt den Strick entzwei; der Knecht fiel nieder, blieb auf seinen Füßen stehen, öffnete die Augen und sah umher. Diese seltsame Begebenheit wurde dem Erzherzog Albert gemeldet; man führte den Knecht nach Brüssel, von drei Trom-

---

[110] Rüling, *Auszüge einiger merkwürdiger Hexenprozesse.* Göttingen 1786. S. 16 ff. - Horst, *Zauberbibliothek* IV. S. 333. - Fischer a. a. O. I S. 347.

[111] Er sah sich auf eine schöne, grüne Wiese versetzt, woselbst sich ein Baum mit lieblich singenden Vögeln befand etc.

[112] S. die ausführliche Erzählung: *Seherin von Prevorst* I. Stuttgart u. Tübingen 1832. S. 8. - Fischer a. a. O. I. S. 348.

petern zu Pferde begleitet, und er zog so im Triumph durch alle Straßen der Stadt.[113]

16.

Auch die russische Knute vermag diese Art von Schlaf hervorzubringen. So geschah es bei dem Kaufmann Löhnig aus Greifenberg in Schlesien, der unter Kaiser Paul 175 Knutenhiebe erhielt.[114]

17.

Es läßt sich hierher auch der schon oben unter II. Nr. 12. verzeichnete Fall ziehen, wo ein äußerst heftiger Kopfschmerz, wenn er seinen höchsten Grad erreichte, mit einem Male aufhörte und in einen angenehmen Zustand mit ungemein erhöhter Gedächtniskraft überging. Denn dies war doch ein ekstatischer, dem in Rede stehenden, bei argen Mißhandlungen eintretenden Entzückungsschlaf verwandter Zustand, in welchen sich die Seele der Leidenden vor einem unerträglich werdenden Schmerz zurückzog. Auch wenn in solchen Fällen der Tod erfolgt, mag eine solche ins Gegenteil umschlagende Verwandlung der Empfindung und des Bewußtseins stattfinden.

18.

Menschen, die in einem engen Raum eingeschlossen waren, schliefen mehrere Tage fast anhaltend; so ein vom Erdbeben verschütteter, von Mauersteinen umschlossener, sich in der Nähe des Leichnams eines mit ihm Verschütteten befindlicher Knabe, der während der Tage, die er so zubringen mußte, nur selten aufwachte.[115]

---

[113] J. W. Wolf, *Niederländ. Sagen.* Leipzig 1843. S. 255 f.
[114] Fischer a. a. O. S. 348.
[115] Schubert, *Geschichte der Seele.* S. 246 d. 2. Ausg.

19.

Die Peripatetiker behaupten, den Tag über sei die Seele an den Dienst des Körpers gefesselt und könne die Wahrheit nicht rein schauen; des Nachts aber sei sie dieser Dienstleistung enthoben und habe dann einen helleren Blick in die Zukunft, woher die Träume kämen.[116] Es ist hier von den tieferen Schlafzuständen und den in solchen wahrheitsverkündenden Träumen die Rede. Denn zwischen dieser Tiefe und der Oberfläche des wachen Bewußtseins, welches in seiner eingeschränkten Weise verständig und geordnet ist, liegt eine verworrene und wildphantastische Traumwelt, die weder an der Klarheit und Ordnung des wachen Bewußtseins, noch an dem Hellsehen des tieferen Schlafes teilnimmt. Im Tode hört das erstere, welches an das Hirnleben gefesselt, gänzlich auf; dafür aber versinkt die Seele ganz und gar in jene Tiefe der Innerlichkeit, wo das Bewußtsein überhaupt nicht nur bewahrt, sondern auch über die Grenzen des im Leben vorherrschenden wachen Bewußtseins hinaus erweitert ist.

20.

Die Träume gehören noch zum Wachen, die Körperwelt steht noch an der Eingangs- und Ausgangspforte des Schlafes, und eben darum können wir uns ihrer erinnern. Hingegen was im Mittelzustand zwischen beiden Träumen der Geist ausübt, dichtet und denkt, erreicht geradesowenig den äußeren Kreis der Erinnerung, als die ganze innere Weltgeschichte einer Hellseherin; und wenn diese nicht spräche, so würden wir und sie in Ewigkeit nichts von ihrer inneren Verklärung unter ihrer äußerlichen Überschattung ahnen.[117]

---

[116] Aelian, *Var. Hist.* III. 11.
[117] Jean Paul.

21.

„Ich habe", sagte Clara, „viel von diesen dunklen Erscheinungen[118] gehört, die aber vor mir verborgengehalten wurden. Das Äußere davon reizt mich indessen nicht; ich möchte das eigene Gefühl solcher Schlafenden von ihrem Zustand kennen."

„Wenn man", antwortete der Arzt, „auf dieses Gefühl auch nur von ihrem äußeren Ansehen schließen will, so befinden sie sich in einem unbeschreiblichen Wohlsein. Alle krankhafte Spannung der Gesichtszüge läßt nach; sie sehen fröhlicher, geistreicher, oft jugendlicher aus; alle Spuren von Leidenschaften verschwinden aus dem erheiterten Antlitz; zugleich wird alles geistiger, namentlich die Stimme."

„O wohltätige Hand des Todes", fiel hier Clara ein, „daran erkenne ich dich! Lassen Sie mich der frühverklärten Freundin gedenken, wie bei ihr dies alles eintraf; wie, als sich ihr schon die Schatten des Todes nahten, eine himmlische Verklärung ihr ganzes Wesen durchstrahlte, daß ich glaubte, sie nie so schön gesehen zu haben, und nie geglaubt hätte, daß eine solche Anmut im Tode sei; wie dann die immer melodischen Hauche ihrer Stimme himmlische Musik wurden, geistige Klänge, die noch jetzt tiefer in meinem Inneren wiedertönen, als der erste Zusammenklang sanftgestimmter Harmonikaglocken."

„Fragt man", fuhr der Arzt fort, „jene Entschlafenen selbst um ihr Befinden, so versichern sie, es sei das seligste; es sei ihnen nichts von ihrem Körper, noch von dem vorhergegangenen Schmerz fühlbar, und eine himmlische Klarheit, ein erwärmendes Licht durchströme ihr Inneres."

„Auch vor dem Tode ja", sagte Clara, „schweigen die Stürme der Krankheit, die Schmerzen hören auf; ja viele, und überdies die Besten, scheiden in einer himmlischen Entzückung."

„Und doch", fuhr der Arzt fort, „ist jener Zustand erst eine bloße Annäherung zu dem Höchsten. Noch werden sie von

---

[118] Es ist von hellsehenden Somnambülen die Rede.

äußeren Dingen affiziert; obgleich mit geschlossenen Augen, sehen sie alles außer ihnen Befindliche, ja andere Sinne derselben scheinen noch viel schärfer zu sein."

„Und was ist denn der höchste Zustand?" frug Clara.

„Der", sagte er, „wenn sie ganz von der Sinnenwelt entbunden sind und nur noch durch den Einwirkenden mit Dingen außer sich zusammenhängen. – Dann erst verhalten sie sich wie völlig Tote zu der Außenwelt. Sie, die zuvor für den feinsten Laut, ja für entfernte Töne, die kein anderes Ohr vernimmt, wenn sie nicht näherkommen, empfindlich sind, werden jetzt nicht vom Wagengerassel, nicht vom Kanonendonner geweckt, und keine menschliche Rede dringt zu ihnen, als die des Einen, mit dem sie in Beziehung stehen."

„Und dann erst", frug Clara, „entsteht das höchste Hellsehen?"

„Freilich", versetzte der Arzt. „Eben hier zeigt sich das höchste innere Leben. Alles an ihnen verkündet das innigste Bewußtsein; es ist, als wäre ihr ganzes Wesen in einen Brennpunkt zusammengedrängt, der Vergangenheit, Gegenwart und Zukunft in sich vereinigt. Weit entfernt, die Erinnerung zu verlieren, sehen sie weit zurück die Vergangenheit erhellt, wie ihnen auch die Zukunft oft in nicht unbeträchtlicher Ferne erkennbar ist."[119]

22.

Mehr als irgendein anderer, stellt nach Schubert der Zustand des magnetischen Schlafes ein Bild des Todes dar.

„Mitten in dem Zustand, der schon selber einem tieferen Schlaf gleicht, scheint es öfters, als kündige sich ein noch tieferer, gleichsam eine zweite, höhere Potenz des Schlafes an. Die Kranken reiben sich die Augen, gähnen und geben alle Zeichen der äußersten Schläfrigkeit von sich; zuweilen geht

---

[119] Schelling in dem Gespräch: *Über den Zusammenhang der Natur mit der Geisterwelt. Werke.* Abt. I. Bd. IX. S. 66 f.

hierbei der Odem so schwer aus und ein, wie bei dem angehenden Röcheln des Todes. Aus einem solchen todähnlichen Zustand des Schlafes entwickelt sich aber nun ein Erwachen, welches ebenfalls jenem, das der Seele aus dem Tode widerfahren wird, näher zu stehen scheint, als das gewöhnliche Wachen. Plötzlich belebt das bleiche Gesicht, dessen Augen fest geschlossen sind, ein inneres Leben, welches die Züge des Schmerzes oder der gleichgültigen Ruhe in die des Entzückens und des wachesten Bewußtseins umwandelt. In der Tat, es hat öfters ein solches Aussehen jenen Schein, welchen die Augenblicke der höchsten Begeisterung über das Angesicht des Menschen verbreiten, oder es gleicht der Verklärung, welche zuweilen in den letzten Augenblicken des Lebens über das Antlitz des Sterbenden heraufsteigt."

Es folgt eine Beschreibung der Gelähmtheit und Gebundenheit des Leibes und der Sinne in diesem Zustand.[120]

23.

„Die Verwandtschaft des animalischen Magnetismus mit dem Tode konnte nicht unbemerkt bleiben. Man hat Parallelen gezogen, die zu den merkwürdigsten Resultaten geführt; der Magnetismus ist das im Kleinen, was der Tod im Großen. Schon der Anblick des körperlichen Zustandes spricht dafür; der halbgeöffnete Mund, der gepreßte, oft lang unterbrochene Atem, das gebrochene Auge, das Röcheln und die eigentümlichen Gesichtszüge ließen mich den Tod meiner Somnambüle mehr denn einmal als nahe bevorstehend fürchten." So Werner in seinen *Schutzgeistern*. Wenn aber solche Erscheinungen auch nicht stattfinden, wie sie denn auch in der Tat nicht bei jedem somnambülen Individuum in dem selben Grade vorkommen, so zeugen davon, daß der magnetische Zustand dem Anfang des Todes entspreche, doch die damit verbundenen psychischen

---

[120] *Geschichte der Seele*. 2. Ausg. S. 384 f.

Erscheinungen und die übereinstimmenden Aussagen vieler Somnambülen. Alle Phänomene, die mit dem Sterben verbunden, treten im magnetischen Zustand bis zu einem gewissen Grade ein. Der Körper scheint tot, die Sinne sind erloschen, die willkürlichen Bewegungen hören auf; Atem und Puls sind in dem höchsten Grade der Ekstase oft nicht mehr erkennbar – lauter Anzeichen vom beginnenden Tode. Die Seele dagegen ergeht sich frei in höheren Räumen und tut durch das in vielen Fällen ihr noch allein zu Gebote stehende Sprachorgan Dinge kund, aus welchen zu schließen ist, daß sie sich, unabhängig vom Leib, in einem Licht heimisch findet, das kein gewöhnlicher menschlicher Blick erreicht, und sich Kenntnisse aneignet, welche den Horizont des wachen Bewußtseins weit übersteigen.[121]

24.

Einige Kranke, deren Zustand übrigens offenbar dem des magnetischen Hellsehens glich, sprachen nicht, und die Umstehenden erfuhren bei diesen ebensowenig, was in ihrem Innern vorgegangen, als wir erfahren, was in der Seele eines Ohnmächtigen oder fest Schlafenden geschieht.[122]

25.

Somnambulismus ist eine Vertiefung, ein Hineinreichen des Bewußtseins in die Sphäre des Todes, der nicht Nichts und nicht bewußtlos, sondern hellsehender Somnambulismus des höchsten Grades ist und in nächster Verwandtschaft mit dem sogenannten Hochschlaf und den ihm ähnlichen Ekstasen steht.

---

[121] Colquhoun a. a. O. S. 80.
[122] Schubert.

26.

Hochschlaf der Somnambüle Heinekens.

Sie fühlte sich in diesem Schlaf wie in einer anderen Welt. „Mein Geist ist über alles Irdische erhaben", sagte sie; zugleich aber auch: „Ich sehe die Welt um mich her im schönsten, reinsten Licht." Sie befand sich wie im hellsten Sonnenlicht und sah alle ihr vorschwebenden Gegenstände von diesem Licht erleuchtet; doch hatte dieses nicht immer die gleiche Intensität. Sie sagte einmal: das Licht, das jetzt von ihr wahrgenommen werde, sei nicht so hell und blendend wie sonst; zu anderen Zeiten sei es ihr gewesen, als läge sie im hellsten Sonnenschein; heute sei es ein gemildertes Licht, durch dessen Hilfe sie alle Gegenstände außer sich wahrnehme. Wirklich erkannte sie auch, wie Heineken versichert, bei festverschlossenen Augen alles um sie her. Das sie umfließende Lichtmeer gestaltete sich auch wohl zu visionären Lustgefilden. Es sei ihr, sagte sie dann, als läge sie in der heitersten Frühlingssonne, und werde durch den Schein und die Wärme erquickt und gestärkt, alles um sie her trage das Gepräge des reinsten Frühlings, sie sehe die lachendsten Gegenden und Landschaften mit Blumen und Früchten in allen Farben.

Das höchste Seelenentzücken, ein nicht zu beschreibendes und zu vergleichendes Wonne- und Seligkeitsgefühl war mit diesen somnambülen Schlafzuständen verbunden, dasselbe war aber durchaus nicht körperlich bestimmter Art; sie erklärte, von ihrem Körper hierbei gar nichts zu empfinden; es sei, als ob ihr derselbe gar nicht angehöre, und erst, wenn der Zustand zu Ende gehe und das Entzücken nachlasse, komme das körperliche Gefühl und die Wahrnehmung des Leibes wieder.[123]

---

[123] Kieser, *Archiv* II. 336.

27.

Zwischen dem Leben und dem wachen Zustand der Lebendigen liegt eine ganze Reihe von Zuständen, welche ein von Stufe zu Stufe immer tieferes Einkehren und Versinken der individuellen Selbstheit in das universale, göttliche Weltinnere bilden. Noch am meisten dem Wachen verwandt und auf der Oberfläche liegend ist der Schlaf, wie er regelmäßig mit dem gemeinen Wachen zu wechseln und sich dabei am naturgemäßesten an den entsprechenden Wechsel der Nacht mit dem Tag zu halten pflegt, indem auch die Erde im ganzen dem Gesetz dieser Periodizität unterworfen ist. Dann kommt die tiefere und vollkommenere Einkehr ins Innere, die man als Somnambulismus, Schlafwachen, Hellsehen bezeichnet. Wie sich drittens der Schlaf zum Wachen und der gemeinere Somnambulismus zum einfachen Schlaf verhält, so verhält sich zu dem gemeineren Somnambulismus jener höhere Grad desselben, den man Hochschlaf, Entzückungsschlaf genannt. Dieser steht dem Tod am nächsten, ist ihm am ähnlichsten und geht daher auch leicht in denselben über. Der Tod, als vollkommenster aller Schlafzustände, aber eben deshalb auch mit vollkommenstem Hellsehen verbunden, macht den Schluß. Es läßt sich somit folgende tabellarische Übersicht formieren.

1. Leben. Wachen.
II. Schlaf und Tod.
1. Gewöhnlicher Schlaf.
2. Somnambulismus.
3. Hochschlaf.
4. Tod.

28.

Warum hat der Mensch einen so großen Trieb, sich zu berauschen? – Weil ihm sein gemeines, irdisches Bewußtsein nicht genügt, weil es beengend, drückend für ihn ist, und weil er sich in ein anderes, jenseitiges zu versetzen sucht. Es ist ein wirklicher Hunger nach Tod und Himmel, aber er ist sich dessen unbewußt. Den Tod kennt und begreift er nicht; in sein Bewußtsein fällt nur die furchtbare, abstoßende und grauenhafte Seite desselben. Er flieht ihn also; und doch hat er ein geheimes Verlangen nach den Zuständen, in welche der Tod versetzt. In diese Ekstasen sucht er sich künstlich und gewaltsam zu versetzen, wie besonders der Orientale mittelst seiner großen Rauschmittel tut. Er dringt in den Himmel, sozusagen, auf verbotene Weise ein, was bei häufiger und starker Versetzung in diese Zustände begreiflicherweise von der zerstörendsten Wirkung sein muß; dagegen, wo solche Einwirkungen auf anderem, natürlicherem und freiwilligerem Wege erfolgen, ebenso die heilsamsten Folgen für Seele und Leib daraus entstehen können.

29.

Es gibt Arzneistoffe und Berauschungsmittel, welche in ganz besondere, wundersame Zustände zu versetzen vermögen, namentlich in solche, die denen des Somnambulismus, Hellsehens und sogenannten Hochschlafes vergleichbar oder mit ihnen identisch sind. Wir lassen einige Erfahrungen und Erscheinungen der Art, wie sie in einschlägiger Literatur verzeichnet sind, in nachstehenden Nummern folgen.

30.
Opium.

Einer, der des Abends gegen einen beschwerlichen Schmerz einen Gran Opium genommen, blieb die ganze Nacht schmerzlos und in höchster Vergnügsamkeit der Seele.

Innere, ruhige Vergnügsamkeit des Gemüts, wie im Himmel.

Einer, der wegen unerträglicher Steinschmerzen eine mäßige Gabe Opium genommen, schlief nicht, war aber so ruhig geworden, als wenn er im Himmel wäre.

Gefühl, als wenn er im Himmel wäre.

Die angenehmste Empfindung, die sich denken läßt, mit Ruhe des Geistes und Vergessen aller Übel. Vollkommene Ruhe und Glückseligkeit des Geistes. Vergessen der Seelenleiden. Entzücken und erquickende Seligkeit des Geistes. Heiterkeit des Geistes, mehr ein Traum ohne Schlaf zu nennen.

31.

Bei einem, der abends Opium genommen, verschwand alle Neigung zum Schlaf; die Kraft der Einbildungskraft und des Gedächtnisses erhöhte sich zum Verwundern, so daß er die Nacht in den tiefsinnigsten Meditationen zuzubringen sozusagen gezwungen war; bei Tagesanbruch schlummerte er einige Stunden, konnte sich aber dann alles dessen, was er die Nacht über gedacht hatte, nicht mehr entsinnen.[124]

32.

Der bekannte von Helmont, von selbst schon zu somnambülen Träumen und Visionen geneigt, machte einst Versuche mit der Wurzel des Napellus oder blauen Eisenhutes, versuchte sie mit der Zungenspitze und geriet da durch in einen sehr merkwürdigen somnambülen Zustand, den er als eine „selige, intellektuelle Klarheit" beschreibt.[125]

Verwandt ist die „unbeschreibliche ruhige Seligkeit", die der berühmte Reisende Kämpfer nach dem Genuß eines mit Opium versetzten Trankes empfand; indem nach Fischer „der orientalische Rausch nichts anderes, als ein künstlich erzeugter somnambüler Zustand ist."[126]

Das Gefühl der Leichtigkeit, der Entbundenheit von der Schwere erzeugt hierbei wohl auch die Phantasie des Fliegens,

---

[124] Rudgeri Ouwens, *noctes Haganae*, praef. p. 14.
[125] Vergl. Fischer, *Der Somnambulismus*. I. Basel 1839. S. 166.
[126] S. daselbst S. 167. 169.

des Schwebens durch die Lüfte, oder die Meinung, man könne fliegen, wie durch das Binsenkraut, das in der Hexensalbe vorkommt, und durch den Hrachich der Araber geschieht. Kämpfer sah einen durch dies Mittel somnambulisierten jungen Menschen, welcher behauptete, sein Blick dringe durch die Mauern, er sehe die Leute, die auf der Straße vorübergingen und vernehme ihre Worte, sehe auch die Farbe der Gedanken und Worte ihrer Nachbarn. „Ach, wenn ihr wüßtet, was ich jetzt alles denke und empfinde!" rief er aus. „Ein Gelehrter, der sich in diesen Zustand versetzte, würde in einem Augenblick finden, wozu ihm sonst jahrelanges Studium nicht zu verhelfen vermag."[127]

33.

Narkotische Gifte, welche in einen ekstatischen, hellsehenden und beseligenden Zustand versetzen, wie namentlich Opium und Haschisch, haben, wie man glaubt, schon in den Mysterien und Orakeln der Alten ihre Rolle gespielt. Die Orientalen preisen besonders den letzteren, dessen öfterer Genuß aber, den arabischen Ärzten zufolge, noch nachteiliger und zerstörender sein soll, als der des Opiums. In Indien ist der Genuß desselben seit dem grauesten Altertum Mode. In der arabischen Literatur finden sich viele Lobpreisungen und poetische Verherrlichungen desselben, sowie viele Vorschriften zu dessen Zubereitung. In zu großer Dosis bewirkt er gefährliche Zufälle, ja den Tod. Die Wirkung beginnt mit einem krampfhaften Lachen, worauf Visionen folgen. Die so erzeugten Bilder prägen sich in das Gedächtnis des Verzückten ein; derselbe fühlt sich in eine unaussprechliche, alle irdischen Genüsse übertreffende Glückseligkeit versetzt und gibt Auskunft über Dinge, welche die menschliche Fassungskraft weit übersteigen. Die Mitteilungen, welche in diesem Zustand über Jenseits und Fortdauer der Seele

---

[127] Das. 169–171.

gemacht worden sind, tragen sämtlich ein übereinstimmendes Gepräge, indem sie die Zukunft derselben als eine überaus glückliche schildern. Man mag diesen Aussagen mißtrauen; sie könnten nur auf der erhöhten Stimmung des Ekstatischen, seinem eigenen Glückseligkeitsgefühl beruhen, das er auf den Zustand nach dem Tode überträgt. Allein es scheint, als ob die eine solche Ekstase bewirkenden Mittel wirklich gewissermaßen dahin versetzten, wo sich das menschliche Selbst im Tode befinden wird. Diese Gifte lösen das Band der Seele mit dem Leib und der äußeren Natur und bewirken einen dem Tode, als der absoluten Ekstase, verwandten Zustand; darum ist ihr Genuß auch so schädlich und gefährlich, zerrüttet den Organismus und führt bei unvorsichtigem Gebrauch den völligen Tod herbei. Daß uns aber ihre Wirkungen einen solchen Blick in das geheimnisvolle Weltinnere tun lassen, dem wir im Tode anheimfallen, das ist das ungemein Wertvolle und Interessante, das sie für das hier abzuhandelnde Thema haben.

34.

Materie, Leben und Intelligenz sind durch einen engen und innigen Zusammenhang verknüpft. „Wenn ich Leibschmerzen habe", sagt Montaigne, „so hat mein Geist Kolik." Aber ein momentanes Auseinandertreten von physischem Leben und Intelligenz ist zuweilen dennoch möglich. Ein Beweis dafür ist der Zustand, der beim Einatmen von Äther und Chloroform eintritt.[128]

35.

Es gibt Augenblicke im Leben, wo es ist, als ob unser inneres Leben auf einmal über die Form des Wortes hinausgehoben wäre; Unsagbares, Unaussprechliches, in keines Menschen Ohr Gekommenes tut sich wie aus plötzlich geöffneter Tiefe auf; und es ist uns vielleicht später, als ob alles, was wir wissen und

---

[128] M. N. Joly, *Revue de l'academie de Toulouse*. Septemberheft 1856.

erreichen, nie eine Erfüllung dessen sein könne, was uns in einem einzigen solchen Augenblick unser Innerstes verheißen hat. Da lernt man erst, was es heißt: „das Wort verachten." – Solche Zustände, ihrer Natur nach von starken, ja überströmenden Gefühlen begleitet, dürften sich in physisch kranken Zuständen wahrscheinlich noch häufiger als bei Gesunden finden.[129]

36.

Vor mehreren Jahren ward mein Gemüt durch mancherlei widrige Vorfälle verstimmt. Um dasselbe von den peinlichen Gefühlen durch Abstraktion loszureißen, nahm ich zur Mathematik meine Zuflucht; doch mußte ich alle Kräfte aufbieten, um meine Aufmerksamkeit auf dieselbe zu richten. Nachdem ich eine Zeitlang in dieser Anstrengung beharrt, erloschen alle Wahrnehmungen der Sinne, kein Begriff stellte sich mehr deutlich dar; sie zerflossen im Bewußtsein alle zu einem einfachen Licht, in welchem mein Ich in keinem Gegensatz mit der Außenwelt, nicht einmal im Zusammenhang mannigfacher Vorstellungen, die sich unmittelbar auf die eigene Existenz bezogen hätten, sondern wie aufgelöst und gestaltlos erschien. Nur die Empfindung des intensivsten Wohlgefühls, das zur reinsten Freude sich steigerte, ward ich inne. Durch sie hatte ich den Maßstab des freiesten und energischsten Seins erlangt, wiewohl dasselbe in keine bildende Kraftäußerung überging. Wie lange dieser Zustand gedauert haben mag, weiß ich nicht, da mir jede Zeitbestimmung entschwand. Allmählich kehrten die geometrischen Figuren und Verhältnisse, mit denen ich mich zuletzt beschäftigt hatte, in mein Bewußtsein in um so größerer Klarheit zurück, und ich handhabe sie nun mit ungemeiner Leichtigkeit. Zugleich öffneten sich die Sinnesorgane wieder und versetzten mich in die deutliche Vorstellung meiner

---

[129] Griesinger, *Psych. Krankheiten.* 2. Aufl. S. 28.

äußeren Lage. Seitdem war mein geistiges Leben freier und kräftiger geworden; es wurde mir leicht, mich über meine unangenehmen Verhältnisse hinwegzusetzen, und von jener Zeit an datiere ich einen großen Umschwung meines Seins und Wirkens.[130]

37.

In Wielands *Euthanasia*[131] werden „Beispiele von bewährter Gewißheit" erwähnt, wo sich die Seele in einer gewissen Art von Verzückung zum Anschauen überirdischer Gegenstände erhoben und von unbeschreiblichen Wonnegefühlen überströmt fühlte, während eine tödliche Erstarrung des ganzen Körpers alle äußeren Sinne in gänzliche Untätigkeit setzte. „Ich selbst", so heißt es weiter an demselben Ort, „kannte eine Person, auf welche kein Verdacht des Betrugs fallen konnte, welche diese Art von Ekstase öfters erfuhr und welche versicherte, sich, sowie sie ihrer Sinne wieder mächtig wurde, des in jenem außerordentlichen Zustand Geschehenen und Empfundenen noch innigst bewußt zu sein, wiewohl sie keine Worte fand, es zu beschreiben."

---

[130] Ideler, *Anthropologie für Ärzte*. S. 12.
[131] Leipzig 1805. S. 189 f. Vergl. S. 244.

VI.
Merkwürdige Erscheinungen in der Nähe des Todes. Dessen nicht bloß auflösende und zerstörende, sondern auch bewahrende und erhöhende Natur und Bedeutung bezeugend.

1.
Großherzog Karl August vor seinem Tod.

Er wollte mich fast zu jeder Stunde um sich haben; und, als sei eine solche Luzidität, wie bei den erhabenen schneebedeckten Alpen, der Vorbote des scheidenden Lichtes, nie hatte ich den großen, menschlichen Fürsten lebendiger, geistreicher, milder und an aller ferneren Entwicklung des Volkslebens teilnehmender gesehen, als in den letzten Tagen, die wir ihn hier besaßen.

Ich sagte mehrmals zu meinen Freunden ahnungsvoll und geängstigt, daß mir diese Lebendigkeit, diese geheimnisvolle Klarheit des Geistes bei so viel körperlicher Schwäche ein schreckhaftes Phänomen sei. Er selbst oszillierte sichtbar zwischen Hoffnung der Genesung und Erwartung der großen Katastrophe.

Als ich ihn 24 Stunden vor dieser, krank und ohne Neigung, etwas zu genießen, beim Frühstück sah, fragte er mich lebhaft nach den Kometschweifen, welche sich in unsere Atmosphäre trübend einmischen könnten, nach der Ursache der großen Winterkälte an allen östlichen Küsten etc. In Potsdam saß ich mehrere Stunden allein mit ihm auf dem Kanapee; er trank und schlief abwechselnd, trank wieder, stand auf, um an seine Gemahlin zu schreiben, und schlief dann wieder. Er war heiter, aber sehr erschöpft. In den Intervallen bedrängte er mich mit den schwierigsten Fragen über Physik, Astronomie, Meteorologie und Geographie, über Durchsichtigkeit eines Kometenkerns, über Mondatmosphäre, über die farbigen Doppelsterne, über Einfluß der Sonnenflecken auf Temperatur, Erscheinen der organischen Formen in der Urwelt, innere Erdwärme. Er schlief mitten in seiner und meiner Rede ein, wurde oft unruhig und sagte dann, wegen seiner scheinbaren Unaufmerksamkeit milde und freundlich um Verzeihung bittend: „Sie sehen, Humboldt, es ist aus mit mir."[132]

2.
Arago.

Franz Arago, gestorben den 2. Oktober 1853, geboren den 26. Februar 1786, erreichte das 68. Lebensjahr nicht mehr. Er hatte in seinen letzten Jahren lange, furchtbare Leiden zu ertragen, sein Augenlicht war seit zwei Jahren fast ganz erloschen. Während dieser Zeit war sein Geist nicht einen Augenblick getrübt; drei Wochen vor seinem Tode arbeitete er noch an einer neuen Ausgabe seiner Abhandlung über den Donner, schlug nach, was er über diesen Gegenstand früher gelesen, diktierte wichtige Zusätze, ließ schwierige Untersuchungen anstellen, traf Vorbereitungen, um die letzte Hand an eine große Arbeit über die Interferenzen des Lichtes zu legen, sah die Korrekturbogen seiner historischen Lobrede auf Monge durch, vollendete die Redaktion seiner physikalischen Studien über die Planeten etc. Er zeigte, wenn Männer vom Fach zu ihm kamen, die lebhafteste Teilnahme an den Fortschritten der Wissenschaft und an neuen Forschungen und sprach darüber mit solcher Klarheit und Geistesschärfe, daß ihn die Freunde nie verließen, ohne sich an Winken und Anregungen bereichert zu sehen. Die Schmerzen seiner Krankheit waren seine geringste

---

[132] Alexander von Humboldt in einem Brief aus Berlin. - Eckermann, *Gespräche mit Goethe*. III. S. 259 ff.

Sorge. Seine bitterste Klage war, daß er nicht den Sitzungen der Akademie beiwohnen und da sein Amt als Sekretär verwalten könne. Noch kurz vor seinem Tode blätterte er in einer umfangreichen Korrespondenz, als hätte er auf seinem Posten bis zum letzten Augenblick ausharren wollen.[133]

3.

Bellini nannte in den seinem Tode unmittelbar vorausgehenden Fieberparoxismen die Namen Lablache, Tamburini, Rubini und Grisi, gab den Sängern neue Ratschläge und Anweisungen, wie sie aussprechen und singen sollten, und schloß sein Leben, indem er einer großen Vorstellung seiner Puritaner beizuwohnen glaubte.

4.

Beethoven erhielt im Sterben sein längst verlorenes Gehör und seine Stimme wieder, und wiederholte damit die süßen Melodien, die er seine Gebete zu Gott nannte.[134]

5.

Johann Sebastian Bach wurde durch ein ihn befallendes Augenübel dem Erblinden nahe gebracht. Eine zweimalige Operation, der er sich unterwarf und die von einem Arzt von bedeutendem Ruf vollzogen wurde, lief unglücklich ab. Bach war nun blind. Es wurde noch mancherlei versucht; dem örtlichen Leiden wurde nicht abgeholfen, sein ganzer Gesundheitszustand aber dermaßen zerrüttet, daß er sechs Monate lang das Haus nicht mehr verlassen konnte. Etwa zehn Tage vor seinem Tode konnte er eines Morgens beim Erwachen auf

---

[133] Aus einem öffentlichen Blatt vom 12. Okt. 1853.
[134] H. Lauvergne, *Die letzten Stunden und der Tod.* Leipz. 1843. II. S. 98.

einmal wieder sehen. Es folgte ein Schlagfluß, dann ein hitziges Fieber, das (am 28. Juli 1750) seinem Leben ein Ende machte.[135]

6.

Huet bekam vor dem Tode sein Gedächtnis wieder. Dieses ist nicht abhängiger vom Körper, als das Sehen vom Auge; indes sieht die Schlafwache doch ohne dieses, und zwar in die Ferne.[136]

7.
Jakob Böhme.

Des bekannten Theosophen Jakob Böhmes Ende war sehr lieblicher und merkwürdiger Art. Einem rettungslosen Zustand erliegend, sah er mit selbstbewußter Ruhe dem Tod entgegen. An einem Morgen rief er seinen Sohn Tobias und fragte ihn, ob er die schöne Musik höre. Da dieser es verneinte, hieß er ihn die Tür öffnen, damit der Gesang deutlicher hereindringen könne. Späterhin fragte er, wieviel Uhr es sei, und als er hörte, es habe zwei geschlagen, sagte er: „In drei Stunden ist meine Zeit." Er nahm nun Abschied von den Seinigen und starb um sechs Uhr mit den Worten: „Nun fahre ich hin ins Paradies."

8.
Der unglückliche Dauphin.

Der vom Konvent so schmählich behandelte Dauphin, Ludwigs XVI. Sohn, sagte in seiner Todesstunde: „Die Musik dort oben ist so schön!" Und plötzlich rief er laut: „Ich höre die Stimme meiner Mutter! Ob wohl die Schwester die Musik auch

---

[135] Hilgenfeldt, *J. S. Bach's Leben, Wirken und Werke*. Leipzig 1850. S. 29.
[136] Jean Paul.

gehört hat?" Es folgte eine lange Stille, hierauf noch ein froher Ausruf und dann der letzte Atemzug.[137]

9.

Und was hat der Seele das lähmende Alter, was hat ihr das Gewölke des Wahnsinns, ja was hat ihr selber der Tod an? Bricht doch öfters mitten durch das nachtende Dunkel der Sterbebetten und des kranken Irrwahnes das klare, wache Leben des Geistes hindurch, wie die Sonne, die den ganzen Tag am Himmel steht, durch die Wetterwolken, welche die Stunden des Tages zur Nacht gemacht.[138]

10.

Ich habe oft bemerkt, daß Kranke, die sich ihren letzten Tagen nähern, eine heitere Ruhe gewinnen, daß sie von großen Hoffnungen erfüllt werden, daß sich eine belebte geistige Tätigkeit in ihnen offenbart. – – – Ich hatte einen Freund, der lange auf dem Krankenlager siechte; er war unwirsch, haderte mit seinem Geschick und fühlte sich schon lange unfähig zu seinen wissenschaftlichen Beschäftigungen, denen er sonst Kraft und heitere Tätigkeit gewidmet hatte. In seinen letzten Tagen wurde er plötzlich mild, heiter, hoffnungsreich und geistig angeregt. Er arbeitete in seinem Bett mit Lust und Leichtigkeit, war voller Ideen und Pläne, ließ sich seine Bücher, seine Entwürfe, seine Exzerpte bringen und arbeitete an einem unterbrochenen Werk mit großer Freude, wie in den besten Tagen. Er starb ruhig. Es war mir eine wunderbare Erscheinung, wie hier im Sterben der Geist die Flügel regte.[139]

---

[137] von Sybel, *Geschichte der Revolutionszeit von 1789–95*. Bd. III Abt. II. Düsseld. 1860. - Perty, *Die mystischen Erscheinungen der menschl. Natur*. Leipzig u. Heidelb. 1861. S. 90.

[138] Schubert, *Geschichte der Seele*. 2. Ausg. S. 360.

[139] W. Hesse, *Briefe über Unsterblichkeit*. S. 200.

11.

Ein gewisser Georg Algayer, geboren 1655, verlor von seinem 10. Jahr an das Vermögen des sprachlichen Ausdrucks in der Art, daß er nur immer von 12 bis 1 Uhr zu reden imstande war. Nur ein paar Mal im Fieberparoxismus und einige Tage vor seinem Tode, den 4. und 8. März 1720, sprach er zu anderer Zeit; kurz vor seinem Ende aber, den 11. März um 5 Uhr, bis zu seinem in der Nacht vom 12. auf den 13. erfolgten Tode erhielt er den vollen Gebrauch seiner Sprache wieder.[140]

12.

Geisteskranke kommen in den letzten Stunden ihres Lebens meist wieder zum vollen Gebrauch ihrer Verstandeskräfte, selbst wenn organische Fehler des Gehirnes die mehrjährige Krankheit verursacht haben.[141]

13.

K. Ph. Fischer[142] macht die Erhöhung und Harmonisierung des Gemüts- und Geisteslebens geltend, welche Seelenkranke nicht selten kurz vor dem Tode bewiesen, – eine Klarheit und Energie des Inneren, welche durch die dem Tode vorangehende Erschlaffung oder Aufregung des leiblichen Organismus um so weniger erklärt werde, je positiver und normaler das geistige Leben sich äußerte, von welchem wahnsinnige Individuen in der Nähe des Todes durch die unerwartete Erkenntnis ihrer selbst, ihrer Vergangenheit und Bestimmung Proben gegeben.

14.

Bei einer seit drei Jahren Wahnsinnigen wurde der Verstand desto klarer, je mehr ein infolge eines Lendenabszesses ent-

---

[140] *Museum des Wundervollen.* I. St. 6. Leipzig 1805. S. 448.

[141] Burdach, *Anthropologie*, Stuttgart 1837. S. 613.

[142] *Unwahrheit des Sensualismus.* Erlangen 1853. S. 37.

standenes hektisches Fieber überhand nahm, bis endlich die Kranke unter völligem Gebrauch ihrer Geisteskräfte starb. Die Sektion ergab Hypertrophie des erweichten Gehirnes, Verdikkung des Schädels und Verwachsung der Dura mater mit dem Knochen. Der Wahnsinn war als Nachkrankheit des Scharlachs zurückgeblieben.[143]

15.

Eine 30jährige robuste, verehelicht gewesene Maniaca (Mania errabunda ohne bestimmte Wahnvorstellungen und ohne lucida intervalla) unterlag nach einem einjährigen Aufenthalt in einer Anstalt einem gastrisch-nervösen Fieber nach heftigem und starrsinnigem Widerstreben gegen Arzneien und Getränke. Als sich nun die bevorstehende Auflösung des Körpers durch den Wegfall der Kräfte ankündigte, fing die Seele an, frei zu werden. Die Kranke sprach in den letzten zwei Tagen vor ihrem Tode vollkommen vernünftig und selbst mit einem Aufwand von Verstand und Klarheit, welche mit ihrer früheren Bildung in auffallendem Gegensatz stand. Sie erkundigte sich nach dem Schicksal ihrer Verwandten, bereute ihre Widerspenstigkeit gegen die ärztlichen Anordnungen und unterlag endlich dem herben Kampf der wiedererwachenden Lebenslust mit dem unabwendbaren Tode.[144]

16.

Ein Verwandter des Dr. Ferd. Jahn in Meinungen verfiel vor mehr als 20 Jahren in eine schwere Krankheit, die sich in eine anfangs als Tobsucht, dann als Scheu mit zwischenlaufender Manie gestaltete Seelenstörung metaschematisierte, und „bis vor zwei Jahren" in derselben Form und Stärke beharrte. Um diese Zeit bekam er mehrere Tage lang, nach deren Verlauf er schlagflüssig starb, den vollen Gebrauch seines Geistesver-

---

[143] Vering in *Nasse's Zeitschrift*. 1840. I. S. 131 ff.
[144] Butzke in *Rust's Mag*. LVI. H. I.

mögens wieder, unterhielt sich mit seinen Verwandten und Bekannten, die er früher wie die Pest floh, über die von ihm vor seiner Krankheit durchlebten schönen Zeiten, über den ihm, seiner Ahnung nach, demnächst bevorstehenden Tod und über seine Ansichten von dem Zustand des Menschen nach dem Tode freudig und wehmütig zugleich auf das Vernünftigste.[145]

17.

Zu dem Vorstehenden werden ebendaselbst folgende Bemerkungen gemacht.

„Es reiht sich diese Tatsache an viele gleiche oder ähnliche an. Denn abgesehen davon, daß die Jahrbücher der Wissenschaft eine Menge von Fällen anführen, in welchen Wahnsinnige kurz vor dem Ableben wieder zu vollem Verstand kamen, so ist es bekannt, daß zuweilen Stummen und solchen, die dieses oder jenes Sinnes beraubt waren, die Sprache und der betreffende Sinn in den letzten Augenblicken wieder verliehen wurde, und daß mehrere Menschen kurz vor dem Tode ein richtiges Vorgefühl von dem ihnen selbst oder anderen Personen drohenden Ende gehabt. Einem kranken Greise zu Lützow, der seit 28 Jahren gelähmt und völlig sprachlos war, gab nach Schubert ein freudiger Traum, der ihm das Ende seiner Leiden ansagte, die verlorene Rede auf den letzten Lebenstag zurück. Bekannt ist die rührende Geschichte des Fräuleins Ludwiger zu Dessau und des bei Jena redend verstorbenen, stummgeborenen Krause. In der am Ende des 16. Jahrhunderts zu Basel herrschend gewesenen Pest rief fast jeder Sterbende, selbst in den bewußtlosen Phantasien des letzten Augenblickes, den Namen desjenigen an, der ihm zunächst ins Grab folgen mußte. Jene Wöchnerin, sowie Euphrosine Elvers und die Predigerstochter zu Schmölln, haben die Nähe des Todes in dem Zustand nie gefühlter Wonne vorausgesehen; und nicht selten haben Kinder in diesem

---

[145] *Friedreich's Magazin für Seelenkunde.* H. III. Würzburg 1830. S. 73 f.

Zustand mit einer Klarheit und Stärke, die über ihre Jahre erhaben war, den Verwandten und anderen Gegenwärtigen das künftige Schicksal vorausverkündigt. Vielen hat sich die Nähe der Auflösung durch eine süße Musik geoffenbart, und bei vollkommen Undichterischen nahm öfters eine solche Offenbarung des Zukünftigen die Gestalt der Begeisterung und Poesie an, wie bei jenem Domherrn zu Warda am Rhein die Vorahnung des unvermutet nahen Endes sich in Versen aussprach."

18.

Einigen Beobachtungen zufolge verläßt der Wahnsinn den Leidenden in den meisten Fällen jenseits des 70. Lebensjahres.

19.

Ein mit den bezüglichen Verhältnissen und Tatsachen genau bekannter Freund, ein junger Theologe[146], schrieb mir Folgendes auf:

„Im Bürgerhospital zu Würzburg starb am 16. Juli 1862 ein Mann, welcher infolge eines Schlaganfalles elf Jahre lang geistig und körperlich gelähmt war. Er stammte aus sehr guter Familie und war früher Offizier im bayrischen Heer gewesen. Bei jenem Anfall verlor er nicht nur die Sprache, sondern auch andere Kenntnisse, sogar das Vermögen des Lesens, obschon Gesicht und Gehör unversehrt blieben. Erst nach dreijähriger Krankheit lernte er Personen wieder erkennen und wieder einzelne Wörter, aber keine Sätze sprechen und verstehen.

Sieben Tage vor seinem Tode erhielt er nach einem ähnlichen, aber sehr leichten Anfall fast ganz die Besinnung wieder. Er konnte in ganzen Sätzen sprechen und eine anhaltende Rede verstehen, während dagegen seine körperlichen Kräfte bedeutend sanken. Seine geistigen Fähigkeiten wuchsen bei Abnahme der leiblichen. Am auffallendsten war seine religiöse Verän-

---

[146] Ich kann nicht umhin, an diesem Ort in vielfach begründeter dankbarer Erinnerung den Namen Zillgens zu nennen.

derung. Er hatte ein halbes Jahrhundert lang keine Kirche besucht und kein Sakrament empfangen. Noch einige Wochen vor seinem Tode gab er Zeichen seines völligen Unglaubens. Fünf Tage vor seinem Tode jedoch ließ er einen Geistlichen kommen, beantwortete befriedigend alle ihm vorgelegten Fragen und starb eines guten Todes."

20.

Es gibt Beispiele von Blödsinnigen, die entweder in somnambülem Zustand oder unmittelbar vor dem Tode wie Begeisterte gesprochen haben. Zu St. Jean Maurienne in Savoyen lebte ein stummer Kretin, der, als er von selbst in einen somnambülen Zustand verfiel, nicht nur mit Leichtigkeit, sondern auch sehr sachgemäß sprach – ein Vermögen, das wieder verschwand, sobald er erwachte. In gleicher Weise sind Fälle von stummen Personen bekannt, die vor dem Tode zu reden begannen.[147]

21.

Dieselbe Tatsache führt Kerner an und fährt dann fort: „So ist auch zuweilen kurz vor dem Tode in einem dem magnetischen ähnlichen Zustand die Zunge eines Stummen gelöst worden, oder hat ein Simpel auf einmal noch ein geistiges Wort gesprochen, oder haben sich seine rohen Gesichtszüge in geistige verwandelt."[148]

22.

Sie war ein schlankes, blasses Mädchen; sie war todkrank und sinnend; ihre Augen waren klar, wie die Wahrheit selbst, ihre Lippen fromm gewölbt, in den Zügen ihres Antlitzes lag eine große Geschichte, aber es war eine heilige Geschichte – etwa

---

[147] C. Crowe, *Die Nachtseite d. Natur.* Aus d. Engl. v. Kolb. I. Stuttgart 1849. S. 48 f.
[148] *Blätter aus Prevorst.* Sammlung 1. Karlsruhe 1831. S. 116.

eine Liebeslegende? Ich weiß es nicht; ich hatte auch nie den Mut, sie zu fragen. Wenn ich sie lange ansah, wurde ich ruhig und heiter; es ward mir, als sei stiller Sonntag in meinem Herzen und die Engel darin hielten Gottesdienst.

In solchen Stunden erzählte ich ihr Geschichten aus meiner Kindheit, sie hörte immer ernsthaft zu, und seltsam! wenn ich mich nicht mehr auf die Namen besinnen konnte, so erinnerte sie mich daran. Wenn ich alsdann mit Verwunderung fragte: woher sie die Namen wisse, so gab sie lächelnd zur Antwort, sie habe sie von den Vögeln erfahren, die an den Fliesen ihres Fensters nisteten; und sie wollte mich gar glauben machen, dieses seien die nämlichen Vögel, die ich einst als Knabe mit meinem Taschengeld den hartherzigen Bauernjungen abgekauft und dann habe frei fortfliegen lassen. Ich glaube aber, sie wußte alles, weil sie so blaß war und wirklich bald starb. Sie wußte auch, wann sie sterben würde, und wünschte, daß ich Andernach den Tag vorher verlassen möchte. Beim Abschied gab sie mir beide Hände – es, waren weiße, süße Hände, und rein, wie eine Hostie – und sie sprach: „Du bist sehr gut, und wenn du böse wirst, so denke wieder an die kleine, tote Veronika!"

Haben ihr die geschwätzigen Vögel auch diesen Namen verraten? Ich hatte mir in erinnerungssüchtigen Stunden so oft den Kopf zerbrochen und konnte mich nicht mehr auf den lieben Namen besinnen.

Jetzt, da ich ihn wieder habe, will mir auch die früheste Kindheit wieder im Gedächtnis hervorblühen, und ich bin wieder ein Kind und spiele mit anderen Kindern auf dem Schloßplatz zu Düsseldorf am Rhein.[149]

---

[149] H. Heine.

23.

Kinder, die bald sterben, zeigen zuweilen einen besonders feinen Geist und eine für ihr Alter ungewöhnliche Intelligenz. Alban Stolz[150] erzählt von der Wirkung, die auf ein solches die Pastoralmesse von Abt Vogler gemacht. „Ein Kind, das sich sonst sehr still und eingezogen in der Kirche benahm, schaute bei dem Incarnatus zu der Dame auf, welche dasselbe bei sich hatte, und sagte: „„Das ist aber schön!"" Die Dame antwortete: „„So werden die Hirten gesungen haben."" – „Nein, die Engel"", erwiderte das Kind treffender." Dazu wird bemerkt: „Letzten Sommer ist das Mädchen nach langen, schön ausgeduldeten Leiden dort hinübergegangen, wo himmlischer Gesang seine Seele tröstet."

24.

Nicht selten war an Sterbenden oder gefährlich Kranken ein Ferngesicht, wie an magnetisch Hellsehenden, entwickelt, und eine sterbende Mutter, die noch in ihren letzten Stunden sehr bekümmert um den weit entfernten Sohn war, hat auf einmal durch einen inneren Blick die Überzeugung von dessen Wohlbefinden erhalten, so fest und gewiß, als hätte sie ihn, nahe stehend, mit eigenen Augen gesehen.[151]

25.

„ – – – die das menschliche Gemüt so tief ergreifende Erscheinung, daß bei Sterbenden mitunter das Ahnungsvermögen in ungeheurer Stärke hervorbricht, so daß sie nun in innerer Anschauung in die Zukunft sehen und zu weissagen vermögen."[152]

---

[150] *Besuch bei Sem, Ham und Japhet.* 2. Aufl. Freiburg 1858. S. 314.
[151] Schubert, *Geschichte der Seele.* S. 392.
[152] Jahn in *Friedreich's Magazin für Seelenkunde.* Heft III. S. 80.

26.

Tätigkeiten des Geistes in Verbindung mit physischer Schwäche sind unter den Symptomen der Auflösung oft hervorragend. Die alte Welt legte daher den letzten Worten der Sterbenden große Bedeutung bei. Man dachte sich, daß die vom Leben Abscheidenden von jener Welt, wohin sie wanderten, eine Gotteskraft gewännen, und daß sie in demselben Maße als Götter sprächen, als sie aufhörten, Menschen zu sein.[153]

27.

In den letzten Worten und Vermächtnissen geistvoller und genialer Menschen erkennen wir heilige, unverbrüchliche Gebote und ahnungsvolle Blicke in die Zukunft an, und wir tun dies der Erfahrung aller Zeiten gemäß.[154]

28.

Der Geist der Prophezeiung, wie er sich beim Herannahen des Todes öfters offenbart, ist ein schon den ältesten Zeiten wohlbekanntes Phänomen; es wurde zugleich an die Kraft geglaubt, die der Segen und Fluch der Sterbenden habe, der jedoch ebenfalls als ein Fernsehen, ein hellsehender Blick in die Zukunft und als dessen Ausspruch in Form von Segen und Fluch aufgefaßt werden kann. In der *Bibel* stellt sich als ein ausgezeichnetes Beispiel der Segen Jakobs dar. Bei den Griechen war der Glaube an das Prophezeien der Sterbenden so allgemein, daß Sokrates in Platos *Apologie* davon als von einer anerkannten Sache spricht.

29.

Aretäus, *de caus. et sign. mort. acutor.* II. c. 4 sagt von gewissen Kranken, ihr Geist sei unerschüttert und völlig bei sich selbst;

---

[153] Londoner *Quaterly Review*. Bd. LXXXV. 1849.
[154] H. Lauvergne, *Die letzten Stunden und der Tod etc.* Leipzig 1843.

ihre Sinne seien rein und vollkommen, ihr Verstand fein und durchdringend. Auch zum Weissagen seien sie aufgelegt; denn sie sähen nicht nur ihren Tod voraus, sondern verkündeten auch den Umstehenden die denselben bevorstehenden Schicksale. Einige Ungläubige hätten diese Voraussagen in der Folge mit Erstaunen bewahrheitet gesehen.

30.

Beispiele vom Hellsehen Sterbender finden wir bei Hippokrates, Galen, Avicenna, Aretäus, Plutarch, Cicero und anderen. Die Sache war, wie es scheint, auch schon dem Homer bekannt, da er dem Hektor die Prophezeiung von Achilles' Tode in den Mund legt. „Animus appropinquante morte multo est divinior. Und Posidonius bestätigt dies, indem er anführt, wie ein sterbender Rhodier sechs seiner Altersgenossen mit Namen genannt und die Reihe, in der sie nacheinander sterben würden, bestimmt angegeben habe." Die Götter selbst, heißt es, teilten sich den Schlafenden mit. „Und das geschieht, wie eben gesagt, leichter bei herannahendem Tode, daß nämlich die Seelen das Zukünftige erkennen."[155]

31.

Nicht selten beobachten wir in Nervenkrankheiten und kurz vor dem Tode eine ungewöhnliche Entwicklung und Spannung der Seelenfunktionen. Wir hören Kranke mit Fertigkeit in Sprachen reden, die sie vorher nur unvollkommen verstanden, wir hören Sterbende weissagen.[156].

32.

Eine gute Mutter wird auf ihrem Sterbebett für das Wohl ihrer Familie ebenso erleuchtet, wie ein König, der der rechte

---

[155] Cicero, *de divin.* I. c. 30.
[156] Dr. Amelung, *Über die Seele des Menschen,* in *Friedrich's Magazin für Seelenkunde.* Heft 2. Würzburg 1829. S. 41 f

Herrscher ist und der seinem Thronfolger in dem Augenblick, wo er diesem seine Krone überlassen soll, die Geheimnisse eröffnet, die das Glück und den Ruhm des Landes betreffen. Auch gelten die letzten Worte großer Monarchen fast immer für prophetische.

Ich habe Frauen gekannt, die, nachdem sie ihrem kleinen Hauswesen 40 Jahre lang vorgestanden, in ihrer Todesstunde Beweise eines unglaublich richtigen Blickes in die Zukunft ihrer Angehörigen ablegten; sie vertrauten ihrem Gatten ihre Pläne für den Beruf der Söhne an, und unterstützten sie mit psychologischen Bemerkungen, die einem Gelehrten Ehre gemacht haben würden.[157]

33.

In Buchanan's *hist. Scot.* L. XVIII. wird von einem Ferngesicht des im Sterben liegenden Jac. Lodin erzählt, der die Ermordung Jacobs I. sah.[158]

34.

Die Unterrichteten und Gebildeten unter den Kranken[159] schauen in ihren letzten Tagen in Betreff geschichtlicher Dinge und Angelegenheiten, mit denen sie sich vorzugsweise beschäftigt haben, oft prophetisch in die Zukunft hinein. Ein solcher, erzogen in der polytechnischen Schule, unterhielt sich während seines langen Krankenlagers oft mit mir über die Zustände Frankreichs und verkündete mir Katastrophen, die zu

---

[157] H. Lauvergne a. a. O. I. S. 316.

[158] In ähnlicher Weise, aber im Traum, sah der Engländer Williams die Ermordung des Kanzlers Perceval in der Vorhalle der Gemeinen, was im Jahrgang 1829 der *Times* vom 16. August mit der Bemerkung stand, daß alle Zeugen dieses durch die größte Bestimmtheit und Klarheit höchst merkwürdigen Ferngesichtes noch am Leben seien. Vergl. Schubert, *Geschichte der Seele.* 2. Ausg. S. 538 f.

[159] Es ist von Schwindsüchtigen die Rede.

jener Zeit ganz unwahrscheinlich waren. Er starb, die Zeit ging hin und die meisten seiner Worte bewahrheiteten sich.[160]

35.

Es ist mir ein Fall bekannt, daß vor dem Ausbruch der französischen Revolution ein sterbender Schwindsüchtiger den ganzen Verlauf und Ausgang derselben vorausverkündete.[161]

36.

Maler, Dichter, Musiker, welche der Schwindsucht zum Opfer werden, sind in ihren Fieberzuständen am begeistertsten; das Beste, was sie in ihrer Kunst zu leisten vermögen, schwebt ihnen gerade in den Tagen ihrer Krankheit vor.[162]

37.

Lauvergne a. a. O. II. S. 110 f. spricht von dem Ende eines großen Komponisten, der an der Lungenschwindsucht früh zugrunde ging:

„Während der Paroxismen des hektischen Fiebers flatterte sein Genie noch einmal auf und ließ ihn im Delirium die herrlichsten Melodien vernehmen. „„Ich höre sie"", sagte er zu seinen Freunden; „„könnte ich sie wiedergeben, so hinterließe ich der Welt nach meinem Tode die Krone aller Meisterwerke. "" Langsam erlosch er, und noch halb bewußtlos stammelte er in kaum verständlicher Rede: „„O mein Gott, wie schön ist das! O noch einmal! "" Dann versank er in stumme Betäubung, worin er starb; aber noch im Tode hatten seine Augen den Glanz und den festgehefteten Blick eines Begeisterten."

[160] H. Lauvergne a. a. O. I. S. 368 f.
[161] Kieser, *System des Tellurismus.* II. Leipzig 1826. S. 81.
[162] H. Lauvergne a. a. O. II. S. 365.

38.

Auch bei den gewaltsamsten Zerrüttungen der Krankheit gehen dem Abschied meist sanfte Minuten oder gar helle und heitere Visionen voraus; die Flügel des Todes rauschen näher und je näher sie kommen, desto sanfter wird ihr Sausen, bis sie uns überschatten und der blasse Schleier auf uns sinkt, der von lebendigen Händen kaum mehr berührt werden sollte. Heiliger Kreis ist um einen Entschlafenen; das sagt sein ruhiges Angesicht, das seine befriedigte Totengebärde. Auch Gesichtszüge, welche die Leidenschaft lange verzerrt hat, werden von der sanften Hand des Todes geebnet, so daß mancher Entschlafene in wenigen Minuten schöner ist, als er jemals in seinem Leben gewesen. Kein Schreckgespenst also ist unser letzter Freund, sondern ein Endiger des Leidens, der schöne Jüngling, der die Fackel löscht und dem wogenden Meer Ruhe gebietet.[163]

39.

Ohnmächtige und Sterbende werden nach Jean Pauls Bemerkung von Harmonien umgeben, die kein Außen schickt, wiewohl sich unter dem Zwiespalt und der Auflösung aller Kräfte vielmehr feindliche Mißtöne hervorringen müßten.

40.

Sterbende fühlen sich in ihren letzten Augenblicken leicht und wohl. Professor C. fühlte, zum Tode krank und mit der Empfindung des annahenden Todes, ein himmlisches Wohlsein. Wieder genesend empfand er eine Zeitlang einen wahren Schmerz.[164]

---

[163] Herder, *Wie die Alten den Tod gebildet. Zerstreute Blätter.* II.
[164] W. Hesse a. a. O. S. 201. Nach der Erzählung des Superintendenten Justi zu Marburg, der es von jenem Mann selber wußte.

41.

Nach den zahlreichen Beobachtungen, die ich in Hospitälern und sonst an Sterbenden zu machen Gelegenheit hatte, bin ich zur Überzeugung gelangt, daß der Tod keineswegs so schrecklich ist, wie es nach den Zeichen der Agonie in vielen Fällen den Anschein hat. Ein junger Mann, der sich durch einen Fall aus bedeutender Höhe eine Verletzung des Rückenmarks und dadurch gänzliche Lähmung der unteren Extremitäten zu gezogen hatte, so daß man eine Stecknadel bis an den Kopf in die Muskulatur der Oberschenkel bohren konnte, ohne daß der Kranke, der bei voller Besinnung war, etwas davon bemerkte, verfiel am dritten Tag nach dem Sturz in Agonie und schien einen schweren Kampf zu kämpfen. Ruhelos und mit ängstlichem Ausdruck drehten sich die weit offenen Augen in ihren Höhlen, und von Zeit zu Zeit traten heftige Krampferscheinungen ein, unter denen der ganze Körper erzitterte. Dessen ungeachtet erklärte der Kranke auf Befragen mehrmals, daß ihm immer leichter und wohler werde, und sein subjektives Befinden stand sonach mit den objektiven Erscheinungen in einem ungewöhnlichen, grellen Kontrast. Noch im letzten Moment seines verlöschenden Bewußtseins nannte er seinen Zustand angenehm und schmerzlos. Als er ruhiger wurde, war seine Besinnung längst verschwunden und er hatte ungeachtet eines anscheinend heftigen Todeskampfes offenbar einen leichten und schmerzlosen Tod. Wie der Epileptische von allen den fürchterlichen Zuckungen, die den Umstehenden Entsetzen einflößen, nichts fühlt und weiß, so fühlt der Sterbende nichts von dem Todeskampf.

Als ich einen Menschen, der sich mittelst eines Pistols durch die Brust geschossen, aber das Herz nicht getroffen hatte, fragte, wie sein Befinden nach dem Schuß gewesen, antwortete er stammelnd und mit blutigem Schaum vor dem Mund: „Schreck – schwarz vor den Augen – Ohnmacht – müde, aber wohl!" Die Lippen bewegten sich und er wollte noch mehr sprechen, da trat eine neue Ohnmacht ein, welche nach und nach in den Tod überging.[165]

42.

Meyerbeer legte sich am 24. April 1864 unter großen Schmerzen zu Bett. Sonntags darauf, um Mitternacht, bat er, man möchte ihn im Bett umkehren. Als es geschehen, sagte er: „Wie fühle ich mich jetzt wohl!" Es waren seine letzten Worte. Um 7 Uhr morgens hatte er ruhig seinen Geist aufgegeben.[166]

43.

Von der Art, wie der Pfarrer G. A. Dietz endete, wird Folgendes gelesen: Seine Kräfte verfielen zusehends; je mehr aber sein Leib abnahm, desto geistiger wurde sein Wesen; besonders sein Auge wurde wie strahlend. Kurz vor dem Verscheiden sagte er: „Wie sonderbar! Ich fühle mich stärker und soll doch sterben!"[167]

44.

Zuweilen stellt sich bei Patienten, namentlich bei Phthisischen, wenn sie sich ihrem Ende nähern, ein dem Somnambulismus oder der Ekstase ähnlicher Zustand ein. Sie drücken Gefühl und Empfindungen von lieblichem Charakter aus, welche nicht allein die Patienten selbst, sondern auch ihre Angehörigen und Freunde täuschen. Nicht selten beklagen wir die vermeinten Leiden eines Kranken, während er in einem Zustand von Freude und Entzückung schwebt.[168]

---

[165] Dr. Pfaff.

[166] Nach öffentlichen Blättern.

[167] Aus dem Lebenslauf desselben, der seinen *Evangelien-Predigten*. Karlsruhe 1843, vorgedruckt. S. XXX. u. XXXIII.

[168] Colquhoun, *Enthüllungen über die geheimen Wissenschaften aller Zeiten und Völker*. Übers. von Hartmann. Weimar 1853. S. 48 ff.

45.

Ein befreundeter Arzt erzählte mir, wie er von einer Kranken, die an einer Unterleibsentzündung litt und die er scheinbar gebessert und gerettet fand, sehr getäuscht worden sei. Sie war ungemein heiter und sagte, es wäre ihr sehr wohl und sie fühle sich ganz glücklich. Zwei Stunden darauf war sie tot.

46.

Dem Tode gehen öfters Krankheitspausen, eine vorübergehende Erholung und scheinbare Genesung voraus, der man den Namen eines „Wetterleuchtens vor dem Tode" gegeben. Dies Phänomen besteht in der Entfernung jener Last des Schmerzes und der Betäubung, welche den Kranken niederdrückt. Das Aufhören der Pein wird zum positiven Vergnügen, so wie es kaum von irgendeiner anderen Lust zu übertreffen ist. Und wenn auch die übergroße Schwäche den Ausbruch froher Laune verhindert, so findet sich doch oft eine sanfte Heiterkeit, die sich auch der Umgebung mitteilen würde, wenn sie nicht als der Vorbote eines trüben Ernstes erschiene, der um so trüber wird durch den Gegensatz mit jenem kurzen Frohsinn, wie ihn kein Auge auf Erden mehr erblicken kann, außer durch den Tränenspiegel der Erinnerung.[169]

47.

Dr. Campbell, am Keuchhusten leidend, hatte einige Monate bevor er dieser Krankheit unterlag, einen solchen Anfall davon, daß er fast das Leben verlor. Durch ein Stärkungsmittel unerwarteterweise wieder zu sich gebracht, sprach er von dem Zustand, in welchem er sich befunden, als einem sehr glücklichen; sein Geist, sagte er, habe sich in Erwartung sofortiger Auflösung in einer Art von freudigem Entzücken befunden.[170]

---

[169] Londoner *Quaterly Review*. Bd. LXXX. 1849.
[170] Ebendaselbst.

48.

Von Menschen, die im Wasser verunglückten, doch noch zeitig genug daraus hervorgezogen wurden, um mit dem Leben davonzukommen, weiß man, daß sie sich unter dem Wasser in sehr angenehmen Zuständen befunden haben. Ein solcher sah die Sonne durch das Wasser scheinen und hatte das träumerische Bewußtsein, daß sich seine Augen für das Licht bald für immer schließen sollten. Doch fürchtete er dies Schicksal nicht und wünschte nicht, es abzuwenden. Ein Schläfrigkeitsgefühl, das ihn beruhigte und vergnügte, machte ihm sein nasses Grab zu einem wollüstigen Bett. Einem anderen war es in gleicher Lage so wohl, daß ihn ein Gefühl von Ärger über diejenigen durchfuhr, die ihn herauszerrten.[171]

49.

Dr. Adam Clarke erteilte dem Dr. Lattsom einen Bericht über seine Herstellung vom Ertrinken, worin er sagt, er habe während seiner anscheinenden Bewußtlosigkeit eine ganz eigene neue Art von Leben empfunden; er habe unter dem Wasser keinen Schmerz gefühlt; alle seine Ansichten und Vorstellungen hätten gänzlich verändert geschienen und er habe Empfindungen des vollkommensten Glückes gehabt.[172]

50.

Ein von der Großherzogin Mathilde von Hessen am 25. Mai 1862 ganz kurz vor ihrem Tode an ihren königlichen Vater gerichtetes Telegramm lautete: „Es geht mir wunderbar gut."[173]

---

[171] Aus derselben Quelle.

[172] Georg Moore, *Der Beruf des Körpers etc.*, übers. v. Susemihl. Leipzig 1850. S. 481.

[173] *Mainzer Journal* vom 29. Mai 1862. Nr. 125.

51.

Wir finden nicht selten, wenn nicht besondere Krankheits-
zustände, wie Wolken die Sonne, verhüllen, die letzten Momente der Sterbenden überaus ruhig, verklärt, oft wahrhaft
ergreifend glücklich. Alle Sorge, alle Unruhe ist gewichen; der
letzte Segen wird wie aus höherer Machtvollkommenheit er-
teilt, und ein seliges Lächeln umschwebt selbst dann noch den
Mund, wenn der Tod bereits sein Werk vollendet hat. Eine
Sterbende, in deren Gegenwart sich der Verfasser dieses befand,
entschlummerte unter einem Choral, welchen sie angab und
den ein Freund auf dem Klavier in sanften Akkorden an-
stimmte. Dergleichen Tatsachen nötigen uns anzunehmen, daß
sich die ersten Anfänge des jenseitigen Lebens schon in die
letzten des irdischen Daseins einsenken.[174]

52.

Ein Vater, ein Mann von vieler Bildung, versicherte mir, daß
er noch in dem fast gebrochenen Auge seiner sterbenden Tochter einen Ausdruck gefunden, welchen er nie vergessen werde,
worin sich alles vereinigt und verklärt habe, was nur Liebe,
Ergebung, Seligkeit in sich hege.[175]

53.

Dr. Lysius, ein preußischer Theologe des vorigen Jahrhunderts, der ein Manuskript hinterlassen hat, woraus Reichardt in
seinen *Beiträgen*, T. I., und Horst in seiner *Deuteroskopie* Auszüge gegeben hat, erzählt von dem merkwürdigen Hinscheiden
seiner ältesten Schwester, die, nachdem sie von ihm einen
liebevollen und dankbaren Abschied genommen, mit ziemlich
heller Stimme zu singen begann:
„Triumph, Triumph! Er kommt mit Pracht, Mein Heiland
und Erlöser!" etc.

---

[174] Hüffel, *Briefe über die Unsterblichkeit.* S. 112.
[175] Daselbst S. 45.

und hiermit so lange fortfuhr, bis ihre Stimme schwach wurde und man nur noch die letzten Silben der Worte: „Triumph!" – „Victoria!" und „Halleluja!" vernahm. Horst a. a. O. erzählt Ähnliches. Seinem Vater starb in den fünfziger Jahren des vorigen Jahrhunderts ein hoffnungsvoller Sohn von 18 Jahren an der Ruhr. Dieser hatte eben auf die Universität gehen wollen und sich ungemein darauf gefreut. Dennoch endete er sein junges Leben mit großer Freudigkeit. Er rief einmal über das anderemal: „Jam migro in academiam coelestem – jam migro – jam…" damit starb er. Ein Mädchen in Lindheim offenbarte in ihren letzten Augenblicken dieselbe Todeslust. Sie betete mit vernehmlicher Stimme:

„Wie bin ich doch so herzlich froh,
Daß mein Freund ist das A und O,
Der Anfang und das Ende!
Er ruft mich in sein Paradies etc.
Des klopf' ich in die Hände."

Bei diesen Worten klopfte sie wirklich in die Hände und starb.

54.

„Ich habe Ihnen versprochen, zu schildern, wie es um das Hinscheiden meiner 23jährigen Tochter beschaffen war, einer reinen, gläubigen Seele, deren ganzes Leben Ergebung, Liebe und Wohltun gewesen. Aber ich fühle, daß das Versprechen leichter war, als nun die Erfüllung ist. Wie könnte ich beschreiben, wie sie sich bemühte, uns noch mit der größten Anstrengung ihrer hinsinkenden Lebenskräfte in ihrer liebenswürdig freundlichen Weise zu danken und Lebewohl zu sagen, wie die Verklärung, welche, sich von Minute zu Minute steigernd, auf ihren Zügen erschien! Wie jenen Blick, der sich forschend und ahnungsvoll auf einen Punkt konzentrierte und mir das Herzblut stocken machte! Dieser Blick ging der Trennung voraus, und sie scheint dadurch die Gewißheit erlangt zu haben, daß es Zeit sei, Abschied zu nehmen. Sie hatte gebeten, sie aufrecht zu halten, und so hielt ich sie in meinen Armen, bis mich der Schmerz überwältigte, worauf mein Sohn an die Stelle trat. Sie sprach zu ihm, aber nicht ganz verständlich; wir merkten indessen, daß sie uns zu beruhigen suchte und mich meinem Sohn ans Herz legte. Der Ton ihrer Stimme war bald liebevoll tröstend, indem die Hand nach oben wies; bald freundlich bittend, indem das Wort: „Gut, gut!" ertönte. Dann umarmte sie ihren Bruder zärtlich und rief: „Leb wohl, leb wohl!" Ein Gleiches wurde mir zuteil, indem sie: „Leb wohl, leb wohl, gute Mutter! Danke für alles Gute!" rief. Der Wärterin gab sie die Hand und sagte: „Danke, Frau N.! Gut gepflegt; danke, danke!" Dann dankte sie noch einmal uns allen, wie jemand, der zur Abreise schon im Wagen sitzt und den Seinigen noch einmal: „Adieu, Adieu!" zuruft. Sie bat hierauf schmerzlich: „Laßt mich fort! Laßt mich fort!"[176] und legte sich erschöpft um. Zuletzt sagte sie, die Hände fromm und ruhig faltend und den Blick nach oben richtend: „Nun zu Dir, lieber Gott!" Die Lippen bewegten sich leise, es trat ein Röcheln ein, und kurz darauf erkannten wir, daß sie vollendet hatte.[177]

55.

Es sahen Sterbende Dinge, wie in einer anderen Welt, für welche das gewöhnliche Auge nicht gemacht ist; das Ohr vernahm Unaussprechliches und der singenden Stimme, der spre-

---

[176] Das Sterben kann qualvoll aufgehalten werden. Das Volk sagt von Tieren, welche getötet werden, man dürfe dabei kein Mitleid haben, sonst könnten sie nicht ersterben. Auch Gebildete, die darüber Erfahrung haben, versichern dies. Anteil und Erbarmen scheint im sterbenden Menschen und Tier ein magisches Band zu knüpfen, welches die Auflösung verzögert.

[177] Aus dem Schreiben einer Dame. (Fr. Victor in Dresden.)

chenden Zunge wurden Töne und Worte gegeben, deren der noch gesunde Leib vorhin niemals mächtig gewesen.[178]

56.

Vielleicht scheiden Sterbende in einer Art magnetischer Ekstase.[179]

57.

Wir müssen, der Vollständigkeit wegen, auch der letzten Momente der religiösen Ekstatiker gedenken, worüber zum Teil sehr wunderbare Dinge berichtet werden. Sollte dem Leser auch nicht alles der Art glaublich scheinen, wie z. B. das wunderbare Schweben, die Duft- und Lichterscheinungen, von denen die Biographien dieser eigentümlichen Persönlichkeiten bei Beschreibung ihres Abscheidens sprechen, so wird man doch nicht die Analogie verkennen, die auch diese Sterbefälle im allgemeinen mit anderen haben, von denen uns auch außerkirchliche, bloß der Wissenschaft dienende Autoren erzählen. Und wenn bei Sterbenden jener Art eine jenseitige Welt in die unserige hineinblitzt, wer will das Maß bestimmen, in welchem dies durchaus und bei allen, auch den außerordentlichsten Individuen zu geschehen hat? Hier haben wir bescheidenerweise nur zu lernen, nichts vorzuschreiben. Auch der konfessionelle Gegensatz hat bei der Beurteilung solcher Erscheinungen keine Rolle zu spielen. Denn echte, innige Frömmigkeit erzeugt überall dergleichen Erscheinungen, und wir haben in dieser Darstellung beiden Seiten die gleiche Rechnung getragen.[180]

---

[178] Schubert.

[179] Colquhoun a. a. O. S. 489.

[180] Man vergleiche insbesondere, was wir oben aus den Nachrichten des Dr. Lysius und am Ende dieser Abteilung aus Scriver's *Seelenschatz* ausgezogen haben.

58.

Fra Giovanni Massias aus Kastilien lag auf seinem Sterbebett, einem Knochengerippe ähnlich. Da glänzte er noch einmal im Angesicht hell auf, wie die Gipfel der Alpen bei Sonnenuntergang.[181]

59.

Der Barfüßer-Karmelite Dominicus a Jesu Maria hatte am Ende seines Lebens mit großen Schmerzen zu kämpfen. Zuletzt lag er acht Tage lang, ohne allen Gebrauch der Sinne, still und sanft, und zuweilen im Angesicht wunderbar aufglühend und verklärt, so daß viele seinen Zustand für eine fortwährende Ekstase hielten. Am achten Tag abends öffnete er noch einmal lieblich die Augen, sah alle Umstehenden, besonders den anwesenden Kaiser Ferdinand an, und schloß dann die Augen auf immer.[182]

60.

Das Antlitz der heiligen Agnes von Böhmen erglänzte, als sie im Sterben lag, von einem himmlischen Licht, das in dem Verhältnis, wie sie dem Tode näherkam, an Stärke zunahm.[183]

61.

Gertrudis Kuchlein im Kloster Adelhausen lachte, von der Erscheinung des Herrn erfreut, in der Agonie laut auf und gab so mit lachendem Mund den Geist auf.[184]

---

[181] Görres, *Mystik* II. S. 552.
[182] Aus dessen zu Wien erschienener Biographie. Vergl. Görres, *Mystik* II. S. 269.
[183] Görres, *Mystik* II. S. 550.
[184] Görres, *Mystik* II. S. 34 f.

62.

Die Schwester Bella wurde, wie Kardinal Damian bezeugt, von ihrem Totenbett, während sie betete, vor aller Augen in die Höhe gehoben, und blieb schwebend, bis sie ihr Gebet vollendet hatte.[185]

63.

Als sich der heilige Peter von Alcantara seinem Ende nahte, brachte er fast jede Nacht in hohen Betrachtungen zu, und man hörte ihn Gespräche mit himmlischen Personen führen. Als die Ölung vorbei, gab er den Brüdern Ermahnungen, umarmte sie der Reihe nach, tröstete sie in ihrer Trauer und harrte dann seines Todes mit Festigkeit und Seelenruhe. Es folgte eine Ekstase und eine himmlische Vision; dann erhob er sich, wie bei vollkommener Kraft, betete auf den Knien einige Gebete, namentlich den 141. Psalm, und entschlief in dieser Stellung den 18. Oktbr. 1562 in den Armen seiner Brüder, indem er die offenen und wie zwei Sterne glänzenden Augen zum Himmel richtete. Ein Wohlgeruch ging von dem Sterbenden aus und ein glänzendes Licht erfüllte das Gemach.[186]

64.

Im Nonnenkloster Unterlinden zu Colmar war eine Schwester, Sophie von Rheinfelden, die fühlte sich im Sterben wie von süßem Most berauscht, sang mit leuchtendem Angesicht ohne Unterlaß Hymnen und fromme Lieder zum Lobe Gottes und der heiligen Jungfrau und starb zuletzt, das Wort „Amen" fortdauernd und immer wieder von neuem modulierend, so im Jubel hin.[187]

---

[185] Görres, *Mystik* II. S. 526.
[186] *La vie de S. Pierre d'Alcantara*, am Schluß.
[187] Görres, *Mystik* I. S. 297.

65.

Das Vermögen frommer und heiliger Menschen, den inneren Seeleneffekt, wenn er freudiger und entzückender Art ist, in Jubel auszulassen, hat man die „Gabe der Jubilation" genannt. Dieselbe hat vor vielen anderen der Maria von Oignys beigewohnt und sich namentlich bei Annäherung ihres Endes hervorgetan. Ihre letzte Jubilation dauerte drei Tage und Nächte fort, bis sie so singend und preisend den Geist aufgab. Sie fing an, mit hoher und klarer Stimme Gott zu danken und trug ihm, den Engeln, der heiligen Jungfrau, den ihr befreundeten Heiligen in süßer Modulation die lieblichsten Gesänge vor. Sie hielt nicht inne, um sich auf etwas zu besinnen; es war, als ob sie nur abläse und absänge, was geschrieben vor ihr läge. Nachdem sie den ganzen Tag gesungen, ward sie heiser; in der Morgenfrühe des anderen Tages aber fing sie noch höher und heller zu singen an. Der Prior von Oignys, Ägidius, ließ die Kirche, wo sie lag, schließen und blieb darin mit ihr allein; da hörten, die außen waren, nur einen Jubel und Gesang, verstanden aber wenig oder nichts vom Inhalt. Sie soll in diesen letzten Tagen eine ganze Dogmatik und heilige Geschichte geliefert, die heiligen Schriften scharfsinnig ausgelegt und viel Wundersames und Eigentümliches beigemischt haben. Sie betete auch für ihre Freunde, besonders auch für ihren Beichtvater, und zählte alle die Versuchungen und Sünden auf, die er dem Prior in seinen Beichten vertraut hatte. Sie sang die Gebete alle rhythmisch und in lateinischer Sprache. Ausführlicheres darüber wird man bei Görres, *Mystik* II. S. 71 ff, finden.

Hier zeigte sich eine nicht nur geistige, sondern auch körperliche Kraftäußerung, die in Erstaunen setzt. Sogar die am ersten Abend eintretende Heiserkeit wurde überwunden, um noch energischer aufzujubeln.

66.

Erfinderische, mit sinnreichen und fruchtbaren Gedanken beschäftigte Menschen fürchten in ihren letzten Stunden nicht sowohl den Tod selbst, als die durch denselben herbeigeführte Unterbrechung eines Werkes, auf welches sie alle Hoffnung gesetzt, ihren Ehrgeiz zu befriedigen, ihr Glück zu gründen; und so sterben sie traurig und unruhig dahin. Doch habe ich deren auch gekannt, für welche die so vieles offenbarende Todesstunde eine göttliche Inspiration in Beziehung auf dasjenige brachte, was ihnen bis dahin nicht gelungen war. Es sei ihnen, so behaupteten sie, das Problem aufgegangen, über welches sie 30 Jahre nachgesonnen, und nun würden sie es, wofern sie am Leben blieben, verwirklichen können.[188]

67.

Der heilige Thomas von Aquin las kurze Zeit vor seinem Tode zu Neapel eine Messe und wurde im Verlauf derselben wundersam bewegt. Von dem Augenblick an hörte er in seiner *Summa*, in der *Abhandlung von der Reue* abbrechend, zu schreiben auf. Man wollte den Grund wissen. Lange weigerte er sich, ihn anzugeben. Endlich sagte er: „Alles, was ich geschrieben, erscheint mir wie Spreu im Vergleich mit dem, was mir geoffenbart worden und was ich gesehen habe."

Etwas Ähnliches wird von dem berühmten Prof. Möhler erzählt. Er starb den 12. April 1838, nachmittags halb drei Uhr. Um ein Uhr war er aus einem leichten Schlummer erwacht, wo ihm ein wunderbares Schauen zuteil geworden war. Er wand beide Hände über dem Haupt und sagte: „Ach, jetzt hab' ich's gesehen, jetzt weiß ich es! Jetzt wollte ich ein Buch schreiben, das müßte ein Buch werden – aber nun ist's vorbei." Der treffliche Mann hatte demnach das volle Gefühl der körperlichen Auflösung, so wie sie anderthalb Stunden später in der Tat

---

[188] H. Lauvergne a. a. O. II. S. 59.

erfolgte; und doch war er geistig klarer, wacher, an höherer Erkenntnis bei weitem reicher, als er es je zuvor in seiner kräftigsten Lebensperiode gewesen war.

68.

Im 14. Jahrhundert, zur Zeit des schwarzen Todes, einer morgenländischen Pest mit Brandbeulen, Drüsengeschwülsten, Lungenbrand und verpestendem Atem, ereigneten sich wunderbare Sterbeszenen. Viele schieden trotz der fürchterlichen Krankheit, an der sie zugrunde gingen, in Freuden dahin; selbst Kinder starben unter Singen, Lachen und Händeklatschen. Ein zwölfjähriges Mädchen, schon mit dem Tode ringend, blickte mit lachenden Augen gen Himmel und frohlockte; es sah den Himmel offen und die Seelen der Sterbenden sich als so viele Lichter ins Land der Wonne begeben. Sie sagte vorher, daß sie die nächste Nacht sterben und ihr in drei Tagen die Mutter nachfolgen werde. Auch anderen Personen gab sie die Sterbezeit derselben richtig an und fuhr in solchem Hellsehen fröhlich dahin. So wandelte sich der Schreck und Jammer einer der furchtbarsten und greulichsten Pesten im Moment des Todes in eine himmlische Heiterkeit und eine prophetische Klarheit des Geistes um![189]

69.

Am auffallendsten und, wie mir scheint, beweiskräftigsten für unseren Zweck ist der Sterbejubel, der auch schon bei ganz kleinen Kindern vorkommt. Denn auch solche Fälle gibt es nach dem Bericht von Augenzeugen; und hier kann man nicht sagen, daß Vorstellungen, wie sie durch Unterricht, Erziehung, Anhören von Predigten und dergl. in den Menschen kommen, dabei im Spiel gewesen. So teilt ein dem 13. Jahrhundert an-

---

[189] Hecker, *Der schwarze Tod*. Berlin 1833. S.43. – Bechstein, *Sagenschatz des Thüringer Landes*. III. S. 65.

gehöriger Schriftsteller[190] eine Tatsache mit, die er selbst mit anderen beobachtet hatte, und die er unter der Aufschrift gibt: „De infantulo, qui moriendo risit et exultavit." Ein in der Wiege liegendes Kind rang hart und schmerzhaft mit dem Tode, brach aber dann in die deutlichsten Äußerungen der größten Freude und des Entzückens aus, so daß die vier Geistlichen, die dies wundersame Schauspiel vor Augen hatten, überzeugt waren, es sei dem sterbenden Kind der Blick in die himmlische Herrlichkeit geöffnet worden.

70.

Noch möge hier eine Stelle aus einem alten, exempelreichen Erbauungsbuch[191] stehen, dessen kindlich fromme Sprache wir mit Absicht nicht ändern wollen.

„Man hat viel anmutiger Exempel der sterbenden Kinder, welche mit fröhlichem, getrostem Herzen und mit vielen Bezeigungen ihres Glaubens von hinnen geschieden sind. Die Geschichtsschreiber haben berichtet, daß im Jahre Christi 1348 und folgenden ein groß Sterben fast über die ganze Welt gewesen, daß viel Städte, Flecken und Dörfer ledig worden und das Vieh herumgelaufen, weil es niemand in acht nahm. In diesem Elend war dieses übermaßen tröstlich, daß die liebe Jugend, Knaben und Mägdlein, mit Freuden gestorben und mit lachendem Mund, mit Singen und Jauchzen, abgeschieden sind. Ein Mägdlein von zwölf Jahren, an der Seuche liegend, sah den Himmel an mit unverwandtem Gesicht, bis daß ihr Mund voll Lachens und ihre Zunge voll Rühmens war; als sie von ihren Eltern gefragt wurde, warum sie so fröhlich wäre, antwortete sie: „„Seht ihr nicht den Himmel offen, und so viel unzählbare Lichter hinauffahren?"" Wie die Eltern weiter fragten, was denn

---

[190] Thomas Cantipratanus, *Miraculorum et exemplorum memorabilium sui temporis libri duo.* (Sonst *Bonum universale de Apibus.*) Duaci 1605. p. 465.

[191] Scriver's *Seelenschatz*. T. IV. S. 292 ff.

das für Lichter wären, antwortete sie: „„Es sind die Seelen der Auserwählten, die werden von den Engeln gen Himmel geführt""; und fuhr weiter fort: „„Damit ihr wißt, daß ich die Wahrheit gesagt habe, so nehmt dies zum Zeichen! Diese folgende Nacht werde ich sterben, und ihr, meine liebe Mutter, den dritten Tag hernach. "" Darauf streckte sie ihre Hand aus und zeigte noch sieben andere Personen, die zugegen waren und sagte, auf welchen Tag und in welcher Woche sie sterben würden, und es ist auch also geschehen. Ein frommer Prediger in der Oberlausitz[192] hat in seinem anmutigen und erbaulichen Buch, darinnen so viele Exempel gottseliger, sterbender Christen zusammengetragen, auch der sterbenden Jugend nicht vergessen und viel lieblicher Exempel beigebracht. Also von einem neunjährigen Knäblein zu Breslau, welches, ehe es noch krank worden, oft gesagt, es würde nicht lange mehr leben; hat sich dabei über die Freude des ewigen Lebens so herzlich ergötzt, daß es vor Freuden gesprungen und ausgerufen: „„Ach welche Freude wird doch im Himmel sein!"" und dann angefangen zu singen: „„Freu' dich sehr, o meine Seele etc."" Dieses Lied hat es oft gesungen, daß sich seine Eltern darüber verwundert. Als ihn Gott mit den Blattern heimgesucht und es 14 Tage daran gelegen, hat es stets den Namen Jesu im Mund geführt, auch kurz vor seinem Ende, welches am heiligen Weihnachtstag 1648 erfolgte, angefangen mit zwar schwacher Stimme, jedoch mit sonderlicher Andacht zu singen: „„Ach, mein herzliebstes Jesulein, nach dir etc."" Den Tag zuvor hat es einen schönen Mann gesehen und gesagt: „„Seht ihr auch den schönen Mann, der dort steht?"" Ein zehnjähriges, adeliges Jungfräulein, wie es im Anfang seiner tödlichen Krankheit gefragt ward, ob sie lieber gesund werden oder sterben wolle, antwortete: „„Sterben."" Gefragt, warum denn, spricht sie: es sei im Himmel viel besser, als auf Erden. Und als sie Belieben zum Singen trug, mußte man

---

[192] Bergmann, *Tremend. mort. hor.* P. I. p. 277. P. II. p. 129.

ihr singen: „„Ach Gott, wie manches Herzeleid etc., O Jesu Christ, meines Lebens Licht etc."", welche Lieder sie alle andächtig mitgesungen, auch sonst viel schöne Gebete, Psalmen und Sprüchlein gebetet, zumalen sie, neben den sämtlichen Sonntagsevangelien, 87 Psalmen, 147 Sprüche und Gebetlein auswendig gewußt. Einstmals lag sie und sah mit fröhlichem Angesicht in die Höhe; da man ihr es wehren wollte und sagte, sie solle nicht so über sich sehen, es möge ihr schaden, antwortete sie: „„Ach, wenn ihr wüßtet, was ich sehe, ihr würdet mir's nicht wehren; ich sehe lauter schöne Rosen usw."" Viel mehr Exempel kann man im gemeldeten Büchlein selbst lesen."

„Ich kann aber nicht unterlassen, noch ein oder das andere aus eigener Erfahrung anzuführen. Im Jahre Christi 1663 starb M. Christophori Trincii sel., gewesenen Pastoris und Inspectoris zu Betzendorf in der Altenmark, der mit meiner Halbschwester verehelicht war, jüngstes Töchterlein an den Pocken oder Blattern. Als dieses Kind in den letzten Zügen liegt, sieht das ältere Mägdlein, welches an selbiger Plage, doch nicht so gefährlich, lag, bei des sterbenden Kindes Bettlein eine schöne Gestalt und spricht mit Verwunderung zu der betrübten Mutter: „„Ach Mutter, seht!"" Mir selbst hat Gott im Jahre 1666 am 13. Tag des Heumonats ein liebes und liebliches Töchterlein von anderthalb Jahren durch den zeitlichen Tod hinweggenommen, dabei dieses merkwürdig: Es hatte dieses holdselige Kind die Gewohnheit, daß es sich, wenn es etwa ein anderes Kind, das fein angetan war, oder nur eine zierliche Puppe sah, darüber freute, danach griff und mit lallendem Zünglein sagte: „„Ei schön!"" Als es nun in den letzten Zügen und starken Konvulsionen lag und ich nebst der Mutter und etlichen Nachbarinnen und Freundinnen um seine Wiege stand, mehrenteils mit nassen Augen, hub es seine matten Augen auf, ermunterte sich, bekam ein recht fröhlich und lieblich Angesicht, reichte mit beiden Händen über sich und sagte: „„Ei schön! Ei schön!"" Es schlief nicht lange hernach sanft und selig ein; worüber unsere Trauer und Leid mit Freudentränen gemengt ward, weil wir klärlich spürten, daß das Kind was Liebliches und Anmutiges erblickte, welches wir nicht sahen, darüber es mitten in seiner Angst sich fröhlich bezeigte. Solcher anmutigen Kindergeschichten stünden viel zu sammeln, wenn nur Fleiß und Acht darauf gewandt und nicht alles sogleich wieder vergessen würde. Ich habe aber die wenigen euch, ihr betrübten Eltern, zum Trost erzählen wollen."

VII.
Der Tod.

Ansichten, Ahnungen, Aussprüche, Zuversichten.

1.

„Mir ist etwas Wunderbares vorgekommen. Meine gewohnte Vorbedeutung nämlich war in der vorigen Zeit wohl gar sehr häufig und widerstand mir oft in großen Kleinigkeiten, wenn ich im Begriff war, etwas nicht auf die rechte Art zu tun. Jetzt aber ist mir doch dieses begegnet, was für das größte Übel angesehen wird. Gleichwohl hat mir weder, als ich des Morgens vom Haus ging, das Zeichen des Gottes widerstanden, noch auch, als ich hier die Gerichtsstätte betrat, noch auch irgendwo in der Rede, wenn ich etwas sagen wollte, wiewohl es mich bei anderen Reden oft mitten darin aufhielt. Welche Ursache soll ich mir nun hiervon denken? – Ich will es euch sagen. Es wird wohl das, was mir begegnet ist, etwas Gutes sein; und wir können unmöglich Recht haben, wenn wir annehmen, daß der Tod ein Übel sei. Davon ist mir dies ein großer Beweis. Denn gewiß würde mir das gewohnte Zeichen widerstanden haben, wenn ich nicht in etwas Gutem begriffen gewesen wäre."[193]

2.

Die Seele, der unsichtbare Teil des Menschen, begibt sich im Tode nach einem Ort, der edel und rein und unsichtbar ist,

---

[193] Sokrates bei Plato in der Verteidigungsrede.

nämlich in die wahre Geisterwelt[194] zu dem guten und weisen Gott.[195]

3.

Betrachte dieses Leben, Parmeno,
Als einen Marktplatz, eine Wanderschaft,
Wo es Gedränge, Diebe, Spiel und Mühsal
In Menge gibt. Je früher du hinweggehst,
Je früher findest du die bessere Herberg',
Wofern dir der Reisepfennig Wahrheit
Nicht fehlt und du keinen Feind, der dir
Mit Recht grollt, allhier zurückläßt.[196]

4.

Ein gewisser Kerkidas aus Megolopolis in Arkadien sagte vor seinem Ende zu seinen Angehörigen, als er ihre tiefe Betrübnis sah: Sie möchten sich doch nicht so sehr um ihn grämen; er scheide in schöner Hoffnung, denn er glaube, im Tod mit edlen und großen Verstorbenen, mit Denkern, Dichtern, Musikern und Geschichtsschreibern, namentlich mit einem Pythagoras, Hekatäus, Olympus, Homerus zusammenzukommen. So sprechend soll er den Geist aufgegeben haben.[197]

5.

Friedrich der Große erzählte, wie die Königin Sophie Charlotte von Preußen, die Freundin des Philosophen Leibniz, auf dem Sterbebett zu ihrer weinenden Umgebung gesagt: „Beklagen Sie mich nicht! Denn ich gehe nun, um meinen Er-

---

[194] Im Gegensatz zu der nach gewöhnlicher Vorstellung beschaffenen. Vergl. Schleiermacher, *Platons Werke*. T. II. Bd. III. Berlin 1826. S. 476 f. und den unten folgenden Aufsatz *Endymion*.

[195] Aus *Phaidon* von Plato.

[196] Menander.

[197] Aelian. *Var. Hist.* XIII. 19.

kenntnistrieb zu befriedigen und mich über die Urgründe der Dinge zu unterrichten, die mir Leibniz nie klar zu machen vermochte, über den Raum, das Unendliche, das Sein und das Nichts."[198] Man kann dabei an das Wort des sterbenden Goethe: „Mehr Licht!" denken, wenn man demselben einen höheren Sinn beimessen darf. Gauß soll gesagt haben: er habe gewisse Probleme für dieses Leben beiseite gelegt, um sie dereinst in einem höheren Zustand geometrisch zu behandeln.[199]

6.

Und weit gefehlt, daß der Name „Hades" von dem Dunkel, „Aeides", sollte hergenommen sein, ist der Gott vielmehr deshalb, weil er alles Schöne weiß, von dem Namengeber statt Eidos Hades genannt worden.[200]

7.

Nach Plutarch de *Is. et Os.* c. 28 behauptete Heraklit, daß Hades und Dionysos dieselbe Gottheit sei; auch sagt Plutarch an demselben Ort: „Nach meiner Ansicht bedeutet „Serapis", „Sarapis" Freude und Wonne, was ich daraus schließe, daß die Ägypter mit dem Ausdruck „Sairai" Freudenfeste bezeichnen." Hier bei erinnert er an Plato, welcher behaupte, daß die Ägypter die Totenwelt „Amenthes" hießen, welches bedeute: „der nimmt und gibt."

---

[198] Vergl. das Leben dieser Fürstin von Varnhagen von Ense.
[199] *Gauß zum Gedächtnisse.* Von Sartorius von Waltershausen. Leipzig 1856. S. 81. Rudolf Wagner führt scharfsinnige kritische Bemerkungen an, die ihm jener große Mathematiker wenige Monate vor seinem Tode gemacht. S. dessen *Kampf um die Seele.* S. 94.
[200] Plato im *Kratylos.* p. 46. Becker.

8.

Ein gestorbener Mensch ist ein in absoluten Geheimnisstand erhobener Mensch.[201]

9.

Und ich hörte eine Stimme vom Himmel, die sprach: „Selig sind die Toten, die im Herrn sterben; der Geist spricht, sie sollen ruhen von ihren Leiden; ihre Werke aber folgen ihnen nach."[202]

10.

Der Tod des Edlen ist das sanfte, leise
Hinschlummern eines Säuglings im Schoß
Der Mutter; und der Seele süße Ruhe,
Mit welcher er dahingeschieden, lächelt
Im Tode noch auf seinem Angesicht.[203]

11.

Erinnere dich der tiefen Ruhe, womit unsere Fannia, in welcher nie auch nur ein Fünkchen Schwärmerei geglommen, dem Tode entgegensah! Das Bewußtsein, daß man nie das Böse, daß man immer nur das Gute gewollt und nach Vermögen getan hat, setzt das Gemüt, vornehmlich in den letzten Stunden des Lebens, in eine heitere Stille, die ich als einen Anfang der uns von der Religion versprochenen Seligkeit betrachten möchte. Wer sich in diesen Augenblicken Gutes bewußt ist, der traut der ganzen Natur Gutes zu, ist ohne Furcht und Sorgen für die Zukunft und erwartet gelassen und getrost, was da kommen wird. Eine solche Seele senkt sich, wie ein Kind in den Busen der Mutter, mit voller Zuversicht in den Schoß des Unendlichen und schlummert unvermerkt aus einem

---

[201] Novalis.
[202] *Offenb. Johannis* 15, 13.
[203] Engel.

Leben heraus, worin sie nie wieder erwachen wird. Das ist nach meiner Überzeugung im reinsten Sinne des Wortes dasjenige, was meine alten Griechen „Euthanasia", die schönste und beste Art zu sterben, nannten.[204]

12.

Wenn es niemals tugendhafte Menschen gegeben hätte, ich wäre erlegen; ich wäre verzweifelt bei der Übergewalt des Erdschattens in unseren Herzen. Aber diese großen Menschen haben mich gelehrt, daß die Menschenseele unsterblich ist und unüberwindlich, wenn sie es sein will und nur den Mut hat, sich ihrer edlen Haut zu wehren.[205]

13.

Der Schlechte, wenn zu Grabe geht,
So ist ihm all sein Glück verweht,
Sein Vaterland genommen;
Das Grau'n der Fremde nimmt ihn auf.
Doch in die Heimat geht der Lauf
Des Guten und des Frommen.

14.

– – – Des Todes rührendes Bild steht
Nicht als Schrecken dem Weisen und nicht als Ende dem Frommen.
Jenen drängt es ins Leben zurück und lehrte ihn handeln;
Diesen stärkt es im Leide zu künftigem Heile die Hoffnung;
Beiden wird zum Leben der Tod.[206]

---

[204] Wieland's *Euthanasia*. 3. Gespräch gegen das Ende hin.
[205] Math. Claudius.
[206] Goethe.

15.

Es sagte jemand: „Ich will gar nichts im Himmel, als mich von der Erde ausruhen" – ein Wort, welches aus einer Tiefe kommt, wo Menschen nicht hinkommen und wo er es auch nicht hergeholt hat; es ist eines von denen, die von selbst aus der Tiefe kommen und ihren Witz mitführen.[207]

16.

Wohl hat die Welt manch' einsam-tief
Verborgenen Ort in Höhl und Wald;
Doch keiner ist zu Ruh' und Schlaf
So gut, wie Gottes Schoß.
Da denk' ich mir's bequem und frei,
Daß einer an des andern Brust
Gelagert süß mit seinem Haupt,
Und daß ein warmer Liebeshauch
Am Herzen streife hin.
Da möcht' ich, o Geliebter, wohl
Mit dir in heiligem Schlummer ruh'n;
Da möcht' ich ruh'n an deiner Brust
In allertiefster Ruh'.[208]

17.

Das Leben, o Liebste, wie ist's so lang,
Wird glühender Seelen unendlicher Drang
Endlos von einer Macht verhöhnt,
Die nichts erschüttert und nichts versöhnt!
O wären wir der Qual entfloh'n;
O wären wir gestorben schon
Und rasteten in Gottes Schoß!
Der ist so süß, der ist so groß;
Da wird ja wohl ein Plätzchen klein,

---

[207] Rahel.
[208] Nach Bettina von Arnim.

Von Kummer und von Schrecken rein,
Auch uns zuletzt gegönnet sein.

18.

Rahel befand sich im Traum mit anderen an einem gewöhnlichen Ort; plötzlich erhob sich ein Wetter mit Blitz und Sturm, bald aber ward Ruhe; eine Röte entstand und umfloß den ganzen Raum, so daß er davon dicht erfüllt wurde und kein anderer Gegenstand mehr zu er kennen war. Die obgleich ganz nahen Freunde verschwanden, die Erde schwankte, das Rot ward „immer schöner und allgemeiner." Sie denkt: „Das ist Untergang, Tod; ich will nun sehen, wo meine Seele bleibt." Die Erde wird immer schwankender und Rahel denkt nur noch an Gott.[209]

19.

Karoline von Wolzogen erwähnt in ihrem Tagebuch einer Fahrt nach Weimar, bei der sie aber durch starkes Unwohlsein zur Umkehr genötigt wurde.

„Auf der Rückfahrt geriet ich in einen unaussprechlich glücklichen – ich möchte sagen: seligen – Zustand. Alle Lebensangst und Sorge fiel ab von mir; die wie in einem schönen Traum Aufgelöste erfüllte das Gefühl des Allgemeinen, Ewigen; mir war, als ruhte ich in Gott, und alles war gut. An dem genannten Platz[210] erreichte dieses Gefühl seine Höhe, und noch steht es in meiner Seele fest. – Wird es so sein in der Todesstunde?"[211]

---

[209] Aus der Briefsammlung: *Rahel*, III. Berlin 1834. S. 199 f.

[210] In dem Vorhergehenden findet sich: „Die Sonne schien hell auf die Tannen; ich dachte, daß Goethe hier wohl zum letzten Mal die Natur gefühlt, als er vom Prinzengarten in Jena zurückkehrte."

[211] Literarischer Nachlaß von Karoline v. Wolzogen. I. Leipz. 1848. S. 104.

20.

Da mir durch den dunklen Mutterleib geholfen ward, so hab'
ich alle andere Hoffnung auch.[212]

21.

Gelten Meinungen dir oder die Wahrheit? –
Ganz, Ganz verdampfen wir nicht in die gemeine Luft.[213]

22.

– – – Wehet in heil'ger Nacht,
Wo die stumme Natur werdende Tage sinnt,
Weht im dunklen Orcus
Nicht ein liebender Atem auch?[214]

23.

Ein Tiger selbst schützt seine Brut
In angebornem Liebesmut –
Sollt eine Gottheit schützen minder,
Der Lieb' entfremdet, ihre Kinder?[215]

24.

O Geist des Lebens! Schöpfer der Natur!
O ewiger Vater in der Ätherflur,
Des' Wunder und des' Gnaden nicht zu zählen!
Du reih'st, die du gebildet, die Menschenseelen,
Wie Perlen auf deine Schnur,
Die himmlische. O leite zum Azur
Auch mich hinan die edle Geisterspur;
O laß auch mich in deinem Kranz nicht fehlen!

---

[212] Rahel.
[213] Balde.
[214] Hölderlin.
[215] Schlemmer.

25.

Das holde Licht, des Lebens Urblick
Aus endlos öden Finsternissen –
Gesetz und Maß aus Ungemess'nem –
Aus Rohem, Wildem, Ungeschlachtem
Der Schönheit schmiegsam zarte Blume –
Aus starrem Tod lebend'ge Regung,
Bewegten Daseins Millionen –
Aus rauher, finst'rer Tiergestaltung
Durch mühsam tausendstuf'ges Bilden
Den Wunderbau holdsel'ger Menschheit –
Aus dumpfem Selbst der Liebe Sehnen –
Aus blindem Trieb der Seelen Bündnis –
Aus Geistesnacht den Lichtgedanken –
Erschafft die heilig dunkle Macht.

Sie, die so großes Tun entrollet
Vor äuß'rem Aug' und inn'rem Schauen,
Die Höchstes, Bestes stets gewollet,
Wie käme mir vor ihr ein Grauen? –
Sie mag mit mir, mit Welten schalten,
Mich, sie, zu was sie will, entfalten,
Ihr geb' ich mit getrostem Sinn
Im Leben mich, im Tode hin.[216]

26.

Anhaltendes Nachdenken und Forschen hat mir nur dazu
gedient, die Überzeugung zu bestätigen, daß der Tod, weit
entfernt die Persönlichkeit zu schwächen, sie vielmehr erhöht,
indem er sie von so manchem Zufälligen befreit; daß Erinnerung ein viel zu schwacher Ausdruck ist für die Innigkeit des
Bewußtseins, welche den Abgeschiedenen vom vergangenen
Leben und den Zurückgelassenen bleibt; daß wir im Innersten

---

[216] *Andeutung eines Systems spekulativer Philosophie.* Nürnberg 1831.

unseres Wesens mit jenen vereint bleiben, da wir ja unserem bewußten Teil nach nichts anderes sind, als was auch sie sind, Geister; daß eine künftige Wiedervereinigung bei gleichgestimmten Seelen, die das Leben hindurch nur *Eine* Liebe, *Einen* Glauben und *Eine* Hoffnung gehabt, zu den gewissesten Sachen gehört, und namentlich von den Verheißungen des Christentums auch nicht *Eine* unerfüllt bleiben wird, so schwer begreiflich sie auch einem bloß mit abgezogenen Begriffen umgehenden Verstand sein mögen. Täglich erkenne ich mehr, daß alles weit persönlicher und unendlich lebendiger zusammenhängt, als wir uns vorzustellen vermögen.[217]

27.

Die Liebe will, daß ewiger Natur
Und unvergänglich das Geliebte sei;
Ich glaube nicht an dein Vergeh'n, o Freund!
Durch deines Seins Gewebe geht ein Faden,
Der es dem Ewigen, Göttlichen verknüpft.[218]

28.

Und mich ergreift ein längst entwöhntes Sehnen
Nach jenem stillen, ernsten Geisterreich.
Es schwebet nun in unbestimmten Tönen
Mein lispelnd Lied, der Aeolsharfe gleich.
Ein Schauer faßt mich, Träne folgt den Tränen;
Das strenge Herz, es fühlt sich mild und weich.
Was ich besitze, seh' ich, wie im Weiten,
Und was verschwand, wird mir zu Wirklichkeiten.[219]

---

[217] Schelling.
[218] Bettina von Arnim.
[219] Goethe's *Faust*, Zueignung.

29.

Kein Motiv reiner Liebe wird aus den Herzen der Seligen schwinden.[220]

30.

Tausend Verhältnisse mögen mit diesem Leben zerreißen; sie haben vielleicht unser Inneres nie anders als feindselig oder doch störend berührt. Aber das Band einer wahrhaft göttlichen Liebe ist unauflöslich, wie das Wesen der Seele, in dem es gegründet ist, ewig wie ein Ausspruch Gottes.[221]

„Glauben Sie nicht", fragt ebendaselbst Clara, „daß Liebe und Freundschaft göttlicher Natur sind, daß eine stille, unbewußte, aber darum nur um so mächtigere Notwendigkeit Seele an Seele zieht?"

31.

Dies Eine nur ist Glücke, was des höhern,
Verborgenen Menschen Fittig uns entfaltet;
Und der Genuß allein, der ihn empor
Zum Äther hebt und trägt und fliegen lehrt
In unbekannte Geisterregionen,
Ist Echtbeseligung der Menschenbrust.
Wohl möcht' ich immer bei dir sein, o Freund!
Dein Antlitz schau'n und mit dir Rede tauschen,
Und meine Lust, sie würde nie versiegen.
Allein es sagt die innere Stimme mir:
Nicht würde solches deiner würdig sein,
Und meiner nicht. Zum ewigen Ozean
Forteilen unverrückt, das sind die Wege,

---

[220] P. Blot. *Das Wiedersehen im Himmel*. Mainz 1863. S. 40.
[221] Schelling in dem *Gespräche über den Zusammenhang der Natur mit der Geisterwelt*.

Die vorgeschrieben einst auf eisiger Bahn[222]
Die Geister mir, und nicht zu fürchten ist
Auf ihnen dein Verlust. Denn selber auch
Forttreibt es dich, und nimmer kehrst du um,
Und unseres Begehrens einziges
Erhabenes Ziel, es sind die Ewigkeiten.[223]

32.

Der Gott da oben, Goethe,
Er dünkt mich ein gewaltiger Poete,
Geschicke bildend für ein künftig Leben,
Die frei im Äther und voll Glanzes schweben.

Und unsere armen Herzen,
Sie sind der Schoß, aus dem er sie mit Schmerzen,
Mit großen, tiefen, kreisend ausgebieret,
In's trübe, kampferfüllte Dasein führet.

Es bricht das Herz im Leide,
Allein es schwingen sich zu lichter Weite
Die göttlichen Geschick und hallen fröhlich
Im Götterraum und leben ewig selig.[224]

33.

Betrübe dich nicht allzu sehr,
O mein Gemüt! Nicht allzu schwer
Empfinde sie, die herbe Qual,
Die dein Geschick im Erdental!
Sie hat ihr Maß, sie hat ihr Ziel;
Bereitet ist uns ein Asyl,
Uns eine Rast, so himmlisch rein;

---

[222] Es wird vorher eine nächtliche Fahrt im Fluß auf Eisschollen beschrieben.
[223] Nach Bettina von Arnim.
[224] Nach Bettina von Arnim.

Und nach der Rast, wenn durch das Sein
Neuschöpferische Hauche weh'n,
Ein wundervolles Aufersteh'n.

34.

Der Weise und Gerechte wird für jenen höheren Zustand diesen gegenwärtigen nicht ungern hergeben. Er wird mit dem Göttlichen, das er in sich gepflegt und sorgsam herangezogen, wenn dasselbe seine vollkommene Reife erhalten hat und seine Flügel ausbreiten kann, die unvollkommene Erde mit keinem anderen Gefühl hinter sich lassen, als das ist, womit jene zarten bunten Vögel, in welche sich einer Fabel zufolge die Blüte eines indischen Baumes verwandelt, von diesem Baum hinwegfliegen.[225]

35.

Die Welt entweicht, sie ist nicht mehr –
Horch, Harmonien um mich her!
Ich schwimm' in glühendem Morgenrot.
O leiht mir euere Schwingen,
Verklärte Bruderseelen, helft mir singen:
„Wo ist dein Sieg, o Grab; wo ist dein Pfeil, o Tod?"[226]

36.
Grabschrift.

Hier liegt ein Mann, in dem
Ein heil'ges Wesen glühte,
Der um Gerechtigkeit
Sich endelos bemühte
Und nie gesättigt ward.
Nun ist ihm allbereit
Sein Durst gestillt durch Gott

---

[225] Schelling.
[226] Alex. Pope, *Der sterbende Christ.*

Und seine Wesenheit.[227]

37.

Grabschrift der heiligen Gertrudis.

In diesem Grabe liegt
Nichts weiter, als ein Schein,
Nicht kann, wie man vermeint,
In ihm Gertrudis sein.
Im Herzen Jesu ist dieselbige begraben;
Sollt' es mit ihrer Gruft
Nicht dies Bewandtnis haben?
Aus ihrem Herzen ja,
Dem reinen Heilandsschrein,
Müßt' ausgegraben Er
Und weggeraffet sein.[228]

38.

Sterben ist nicht ein Entschlummern, sondern ein Erwachen des Geistes.[229]

39.

Schelling in dem Gespräch *Über den Zusammenhang der Natur mit der Geisterwelt* erklärt sich dahin, daß der Zustand nach dem Tode „das höchste, durch kein Erwachen unterbrochene Hellsehen" sein werde.

40.

Hier auf Erden ersterben wir uns selbst in einem sich immer weiter verbreitenden Vergessen; dort im Himmel leben wir wieder auf in der vollkommensten Erinnerung.[230]

---

[227] Angelus Silesius.
[228] Derselbe.
[229] Fr. Schlegel.
[230] P. Blot, *Das Wiedersehen im Himmel.* Mainz 1863. S. 36.

Das hier Ausgesprochene hat, oberflächlich betrachtet, nicht die mindeste Wahrscheinlichkeit für sich. Denn wenn wir hier nur sehen, fühlen und erfahren, daß wir vergehen, wie sollen wir glauben, daß wir im Tode, diesem, wie es scheint, die innere, wie äußere Zerstörung vollendenden Vorgang, auf einmal wieder in den vollen Besitz unserer selbst gelangen! Aber eine Fülle von Erfahrung zeigt uns auch, daß das dem Bewußtsein Entschwundene doch noch in uns vorhanden und in einer uns verborgenen Weise aufbewahrt ist, und daß selbst das völlig Vergessene schon in diesem Leben mit vollkommener Bestimmtheit und Lebhaftigkeit wieder erinnerlich zu werden vermag, worüber in dieser Sammlung hinreichende Zeugnisse zu finden sind. Ich füge hier noch folgende Stelle aus der soeben zitierten Schrift[231] hinzu: „Die Wahrheit ist von Gott und bleibt ewig. Die Einwendungen kommen von den Menschen; die Zeit erschüttert sie, und der Hauch einer tieferen Wissenschaft bläst sie hinweg."

41.

Es ist die Wahrscheinlichkeit einer großen Revolution im Bewußtsein im Augenblick des Todes vorhanden. Bei vielen erwacht die Erinnerung der ersten Kindheit wieder; bei anderen geschieht ein Blick in den Zusammenhang unserer Seelen mit denen der Eltern und Geliebten, ein Blick in die geheime Werkstätte der Seelenläuterung. Vorbereitung zum Tode ist daher – nach objektiver Übereinstimmung aller Frommen – die erste Aufgabe der Religion für uns.[232]

42.

Nehmen wir an, daß das Gedächtnis alles behalte und daß nur dem Tagleben des menschlichen Geistes die Erinnerung

---

[231] S. 31.

[232] Friedrich Schlegel, *Supplemente zu dessen Werken*. Bonn 1846. IV. S. 439.

verlorengehe, so ist zu denken, daß nach der Befreiung von den Banden des körperlichen Lebens alles Vergessene sich uns wieder erneuere, alles Interesse der Vergangenheit wieder vor den Geist trete. Welcher Reichtum des individuellen geistigen Lebens![233]

43.
Die Quelle der Erinnerung.

Wenn man sich aller Szenen seines Lebens und aller Gedanken, die man dabei gehabt, binnen einiger Stunden wieder erinnern will, so geht man zu dieser Quelle und trinkt einen Schluck aus diesem Nektar. Von ihm trinken alle Verstorbenen, wenn sie sollen gerichtet werden.[234]

44.

Im Vergleich mit dem gegenwärtigen Zustand befinden sich die Abgeschiedenen in einem ruhenden Zustand der Passivität, in der Nacht, in der niemand wirken kann. Ihr Reich ist nicht ein Reich der Taten und Handlungen, denn es fehlen die äußeren Bedingungen für dieselben. Nichtsdestoweniger leben sie ein tiefes, geistiges Leben; denn das Totenreich ist ein Reich der Innerlichkeit, der stillen Selbstbesinnung und Selbstvertiefung, ein Reich der Erinnerung im vollen Sinne des Wortes, in dem Sinne, daß die Seele hier in ihr eigenes Innere hinein und auf den Grund des Lebens zurückgeht, zu dem wahren Innern des Alls. Und gerade hierauf beruht die läuternde Bedeutung dieses Zustandes. Während in der gegenwärtigen Welt der Mensch sich in einem Reich der Äußerlichkeit befindet, wo er unter der zeitlichen Zerstreuung, unter dem weltlichen Treiben und Getümmel der Selbsterkenntnis entfliehen kann, tritt in jenem Reich das Entgegengesetzte ein! Der Schleier, den diese Sinneswelt mit ihrer bunten, unablässig bewegten Man-

---

[233] *Der Geist und sein Verhältnis in der Natur.* Berlin 1852. S. 447.
[234] Aus Heinse's *Laidion.*

nigfaltigkeit über den strengeren Ernst des Lebens beruhigend und mildernd ausbreitet, der aber auch so oft dienen muß, dem Menschen zu verbergen, was er nicht sehen will – dieser Schleier der Innerlichkeit zerreißt vor dem Menschen im Tode und die Seele befindet sich im Reich der reinen Wesenheiten. Die mannigfaltigen Stimmen des Weltlebens, die im irdischen Leben mit denen der Ewigkeit zusammenklangen, verstummen; die heilige Stimme klingt nun allein, ohne vom weltlichen Lärm gedämpft zu werden, und deswegen ist das Toten reich ein Reich des Gerichtes. „Es ist dem Menschen gesetzt, einmal zu sterben und hernach das Gericht."[235] Weit entfernt, daß die menschliche Psyche hier aus dem Lethestrom trinken sollte, muß man vielmehr sagen, daß ihre Werke ihr nachfolgen; daß ihre Lebensmomente, welche im Strom der Zeiten vorübergegangen und zerstreut sind, hier auferstehen, gesammelt in der absoluten Gegenwart der Erinnerung, welche sich zum zeitlichen Bewußtsein verhalten muß, wie die wahren Visionen der Poesie sich zur Prosa der Endlichkeit verhalten, einer Vision, die so zur Freude, wie zum Schrecken, werden kann, weil sie die eigene, tiefste Wahrheit des Bewußtseins ist, und daher nicht bloß beseligende, sondern auch richtende und verdammende Wahrheit sein kann.[236]

Der Verfasser stellt hier dar, wie er sich den Zustand der Abgeschiedenen nach dem Tode bis zur Auferstehung denkt. Eine reine Tatlosigkeit der Abgeschiedenen möchte sich so unbedingt und ausnahmslos doch nicht behaupten lassen.[237]

---

[235] *Hebr.* 9, 27.

[236] Martensen. *Dogmatik.* S. 518.

[237] Es tritt hier namentlich die Frage hervor, ob nicht eine teilnehmende Beziehung vollendeter Seelen zu den Leben den möglich. Kommt es zu einer Erweiterung oder Fortsetzung gegenwärtigen Unternehmens, bei welchem wir uns vorerst nur um das Wesentlichste und Nötigste bemühen, so werden wir vielleicht auch über diesen Punkt einige das Interesse eines sinnigen Publikums in An-

Was aber in den letzten Nummern dieser Abteilung von dem erinnerungsvollen In-sich-gehen der Seele mit ethischem Urteil über den vollendeten Lebenslauf ausgesprochen ist, soll in dem folgenden letzten Abschnitt durch psychologisch-empirische Gründe bewahrheitet werden.

45.

Es gibt eine doppelte Schwere, sozusagen, einen zweifachen Zug, der das Einzelne, Besonderte, je nachdem es seiner Natur und seinem Ursprung nach diesem oder jenem Reich angehört, teils nach unten in das Ganze des Erdkörpers und der Körperwelt überhaupt, teils nach oben in das geistige und göttliche Wesen und Leben der Dinge führt. Das „Unten", von dem wir sprechen, ist das Reich der materiellen Äußerlichkeit, das „Oben" das jener lichterfüllten Innerlichkeit, die der „Himmel" des religiösen Glaubens, die unmittelbar göttlich, ja Gott selber ist. Das Lebendige ist ein Produkt aus beiden. Erfolgt nun im Tode die Scheidung, so wird der materielle Bestandteil desselben, der Stoff, aus dem der Körper geformt, in das physisch allgemeine aufgelöst und zurückgenommen, der geistige aber mittelst einer Anziehung entgegengesetzter Art in jene ihm homogene Innerlichkeit hinein- und emporgeführt. Hier mag es denn freilich auch Schwierigkeiten und Hemmungen geben und das Aufsteigen in diese Lichtregion nicht bei allen mit derselben Leichtigkeit und Natürlichkeit erfolgen. Was sich seinem göttlichen Ursprung zu sehr entfremdet hat, dem wird es schwerer sein, sich mit demselben aufs Neue zu verschmelzen, als anderem, was ihm nähergeblieben oder sich ihm schon im Leben wieder mehr genähert hat. Daher es allerdings nicht gleichgültig ist, wohin sich der Lebende mit seiner Liebe, seinem Denken, Streben und Handeln kehrt, und ein ernster Moment, der unsere Selbstprüfung in Anspruch nimmt, der von

spruch nehmende Erörterungen und Berichterstattungen zu liefern imstande sein.

unserem Standpunkt aus übrigens so heiteren und tröstlichen Betrachtung des Todes nicht ganz erspart werden kann.

VIII.
Erinnerung im Tode.

Tatsachen, aus welchen auf eine im Tode stattfindende absolute Erinnerung und ein sich dabei vollziehendes Selbstgericht der Seele zu schließen.

Konzentrierung des in der Zeit Ausgedehnten im Bewußtsein. Wunderbarer, mit ethischem Urteil verbundener Überblick über das Ganze eines individuellen Daseins in ungewöhnlichen Schlafzuständen und Traumgesichten und auf dem Wege vom Leben zum Tode.

1.

„In einer Nacht, wo ich im Gefängnis eingeschlafen war, weckte mich die Glocke des Palais auf, indem sie zwölf Uhr schlug. Ich hörte, wie man das Gitter öffnete, um die Schildwache abzulösen; aber ich schlief gleich darauf wieder ein. In meinem Schlaf hatte ich nun einen Traum" – es folgt die Erzählung eines furchtbaren Traums, dessen Einzelheiten für den Träumenden wenigstens einen Zeitraum von fünf Stunden füllten – „als plötzlich das Gitter mit Heftigkeit wieder geschlossen wurde, und ich wieder aufwachte. Ich ließ meine Taschenuhr schlagen; es war noch immer zwölf Uhr. So daß also diese furchtbare Phantasmagorie nur zwei oder drei Minuten gedauert hatte, d. h. die Zeit, welche zur Ablösung der Schildwache und zum Öffnen und Schließen des Gitters nötig war. Es war sehr kalt und die Consigne sehr kurz; der Schließer bestätigte am anderen Morgen meine Rechnung. Und doch erinnere ich mich keines Ereignisses in meinem Leben, wovon ich die Dauer mit größerer Sicherheit angeben könnte, wovon die Einzelheiten meinem Gedächtnis besser eingeprägt wären und dessen ich mir vollständiger bewußt wäre."[238]

---

[238] *Mem. et Souv. du comte Lavalette.* Paris 1831. I. p. XXVIII.

Fechner[239] spricht von ähnlichen, ihm von glaubwürdigen Personen mitgeteilten Fällen; „die Seele", sagt er, „beweist zuweilen im Traum das Vermögen, eine ungeheure Menge von Vorstellungen, die wir im Wachen nur in langer Zeit nacheinander zu entwickeln vermögen, in kürzester Zeit hervorzubringen."

2.

Ein Träumender – es war ein halbes Jahr vor seinem Tode – sah einen Mann vor sich, der ihm einen Spiegel reichte, worin er Szenen seines vergangenen Lebens, deren er sich im Wachen kaum mehr bewußt war, mit der größten Deutlichkeit und Lebhaftigkeit erblickte. Er sah sich ganz genau als dreijähriges Kind, jede Schulszene mit seinem Erzieher, jede verdrießliche Begebenheit, die er in seiner Jugend erlebt hatte, präsentierte sich in dem Spiegel auf das Bestimmteste.[240]

3.

Wie das unwillkürliche Erwachen, so ist auch das ebenso unwillkürliche Entschwinden und doch Verbleiben einer Vorstellung ein höchst merkwürdiger Vorgang. Vorstellungen von Personen, Sachen, Gegenden etc., ebenso gewisse eigentümliche Gefühle, können lange gar nicht mehr vorhanden zu sein scheinen; und plötzlich sind sie wieder in ihrer ganzen Lebendigkeit da und bezeugen dadurch, daß sie eigentlich niemals verloren waren.

Hat man doch einzelne seltsame Bemerkungen gemacht, bei denen es schien, als ob sich mit einem Male eine Helligkeit des Bewußtseins über ein ganzes Reich des Vorstellungslebens verbreite. Eine solche Erfahrung machte einst ein englischer Opiumesser bekannt, dem es vor dem Eintritt der vollen narkotischen Wirkung des betäubenden Mittels vorkam, als ob

---

[239] *Zendavesta*. Leipzig 1851. III. S. 30 f.
[240] Moritz, *Magazin V*. St. 1. S. 55.

alles, was er jemals im Bewußtsein aufgenommen hatte, mit einem Male, wie eine sonnenbeschienene Gegend ausgebreitet sei. Auf gleiche Weise wird von einem jungen Mädchen erzählt, welchem bei einem Sturz ins Wasser vor dem Verlieren des Bewußtseins dasselbe geschehen.[241]

4.

„Die eigentümlichen Vorgänge, welche sich in meiner Seele ereigneten, als ich dem Ertrinken nahe war, habe ich, Ihrem Wunsch gemäß, hier niedergeschrieben. Sie erscheinen mir nicht so gar seltsam, nachdem ich von zwei oder drei Personen, die in einem dem meinigen ähnlichen Zustand gewesen, eine sorgfältige Darlegung ihrer Gefühle dabei vernommen habe, welche mit den meinigen so genau harmonierten, wie es nur immer bei der Verschiedenheit der sonstigen Leibes und Seelenbeschaffenheit möglich ist. Die mich betreffenden Tatsachen sind folgende.

Vor mehreren Jahren diente ich als Junker auf einem königlichen Kriegsschiff in Portsmouth Harbour, und fuhr eines Tages in einem sehr kleinen Boot umher, welches ich zuletzt an einem Kajütenfenster des Schiffes zu befestigen suchte. In toller Verwegenheit schritt ich über die Kanonenlage; das Boot fiel um und ich ins Wasser. Da ich nicht schwimmen konnte, so suchte ich vergeblich das Boot oder einen der anderen Kähne zu erfassen. Als ein Mann auf dem Verdeck mich ins Wasser fallen sah oder hörte, machte er Lärm; sofort sprang der Oberleutnant, gefolgt vom Zimmermann, ins Wasser; der Kanonier bestieg ein Boot und ruderte ihnen nach. Bei den hastigen, aber vergeblichen Bemühungen, um Hilfe zu rufen, hatte ich sehr viel Wasser geschluckt, und bald waren durch die verzweifelten Anstrengungen meine Kräfte erschöpft. Bevor mir jemand Hilfe brachte, sank ich aller Hoffnung beraubt unter; jede Ar-

---

[241] Carus, *Psyche*. Stuttgart 1851. S. 224 f.

beit der Muskeln hörte auf; ich fühlte mit Bestimmtheit, daß der Tod über mich kam. So weit konnte ich mich nach meiner Rettung entweder selbst an diese äußeren Vorgänge erinnern, oder sie wurden durch diejenigen ergänzt, welche die Szene mit angesehen hatten. Denn im Moment einer solchen Gefahr ist ein Ertrinkender viel zu sehr darauf bedacht, jeden Strohhalm zu ergreifen oder zu sehr durch den Wechsel der Hoffnung und Verzweiflung abgezogen, als daß er die einzelnen Vorgänge in ihrer Aufeinanderfolge mit Bestimmtheit auffassen könnte. Ganz anders hingegen steht es um die inneren Vorgänge, welche darauf folgten; mein Bewußtsein erfuhr jene plötzliche Umwandlung, welche Ihnen so sonderbar erscheint und von der ich alle Einzelheiten noch so treu in der Erinnerung habe, als hätten sie sich erst gestern ereignet. Von dem Moment an, wo alle Bewegung der Glieder und Muskeln aufhörte, was nach meinem Dafürhalten die unmittelbare Wirkung der vollständigen Erstickung war, nahm die Stelle der bisherigen aufgeregten und wechselnden Empfindungen ein Gefühl vollkommener Ruhe ein; ich könnte es Apathie nennen, aber nicht Resignation, weil mir das Ertrinken nicht mehr schmerzhaft war. Ich hatte keinen Gedanken an Rettung mehr, noch empfand ich irgendein körperliches Übel; im Gegenteil waren jetzt meine Gefühle sehr angenehmer Art; sie glichen einigermaßen den dunklen, aber schönen Empfindungen, welche die Vorboten eines durch körperliche Arbeiten veranlaßten Schlafes sind. War also auch der äußere Sinn ertötet, so war es doch der Geist nicht. Seine Tätigkeit war in einer Weise lebendig, welche kaum zu beschreiben ist. Ein Gedanke jagte den anderen mit einer Geschwindigkeit, welche nicht bloß unbeschreiblich, sondern für andere, die sich nicht in einer ähnlichen Lage befunden haben, auch unbegreiflich sein muß. Doch bin ich noch jetzt imstande, diese Folge der Vorstellungen, wenigstens zum größten Teil, wiederzugeben. Das Unglück, das soeben über mich gekommen war, die Unvorsichtigkeit, wodurch es entstanden, die Störung und das Geräusch, welche dadurch veranlaßt worden waren, – denn ich sah noch, wie die beiden Männer von den Strickleitern ins Wasser sprangen; die Wirkung, welche der Vorgang auf meinen liebenden Vater ausüben, die Art, wie er meinen Tod den übrigen Familienmitglieder mitteilen würde, und tausend andere sich an das elterliche Haus anknüpfende Gedanken bildeten die ernste Reihe der Vorstellungen, welche in mir lebendig waren. Darauf gestalteten sie sich zu einem weiteren Kreis; unsere letzte Fahrt, eine frühere Reise mit einem dabei erlebten Schiffbruch, meine Schulzeit, die Fortschritte, welche ich in ihr gemacht, die Zeit, welche ich nutzlos verbracht hatte, sogar alle meine Abenteuer der Knabenperiode – das alles wurde in meiner Erinnerung wach. Indem ich so immer weiter an den Anfang meines Lebens zurückging, schien mir jedes Ereignis desselben in retrograder Aufeinanderfolge wieder aufzuleben; aber nicht bloß nach den allgemeinen Begrenzungen, welche sich meinem Gedächtnis eingeprägt hatten, sondern in einem vollständig ausgeführten Gemälde, mit allen, auch den geringfügigsten Nebenumständen. Kurz der ganze Inhalt meines Lebens stand vor mir in einem panoramaartigen Überblick; und jeder Teil desselben schien mir mit dem Bewußtsein von Recht oder Unrecht und mit einer Art von Überlegung der Ursachen und Folgen begleitet zu sein. Viele unwichtige Ereignisse, welche meinem Gedächtnis längst entschwunden waren, traten jetzt wieder vor meine Anschauung, und zwar so, als hätte ich sie erst vor kurzem erlebt. Liegt nicht in diesem allen ein Beweis für die fast unendliche, zur Prüfung unseres irdischen Lebens bestimmte Stärke der Erinnerung? Aber wie es sich auch hiermit verhalten mag, Etwas war dabei höchst merkwürdig, nämlich, daß alle die zahllosen Gedanken, welche in meinem Bewußtsein auf- und niedertauchten, nach rückwärts gerichtet waren. Meine Erziehung war streng religiös gewesen; meine Hoffnung und meine Furcht in Bezug auf das Leben jenseits des Todes war noch so ernst, wie zuvor; und zu jeder anderen Zeit würde in mir das nachhaltigste Interesse und das peinlichste Gefühl durch den bloßen Gedanken erzeugt worden sein, daß ich an der Tür der Ewigkeit herumschwämme. Aber in diesem unerklärlichen Augenblick, wo ich die volle Gewißheit hatte, die Schwelle des Todes bereits überschritten zu haben, eilte keine Idee hinüber in die Zukunft. Ich war lediglich mit der Vergangenheit beschäftigt. Wie lange oder vielmehr wie kurz ich in dieser Fülle der Gedanken zubrachte, kann ich gegenwärtig nicht mehr bestimmt sagen; doch mögen kaum zwei Minuten zwischen dem Augenblick des Erstickens und der Rettung gelegen haben.

Wegen der starken Flut mußte das Rettungsboot zunächst an ein anderes Schiff angelegt werden, wo ich nach dem damals üblichen Verfahren auf den Kopf gestellt wurde, um von dem verschluckten Wasser befreit zu werden; hier auf ward ein Aderlaß appliziert, die Haut stark frottiert und mir sogar ein Schluck Branntwein gegeben. Mein Verweilen unter dem Wasser war von so kurzer Dauer gewesen, daß ich nach der Aussage der Anwesenden sehr bald ins Leben zurückgerufen wurde. Meine Empfindungen während des Wiedererwachens waren den oben beim Ertrinken dargelegten vollkommen widersprechend. Nur der eine, aber verwirrte Gedanke, daß ich dem Wassertod nahe gewesen, erfüllte mein Bewußtsein anstatt der vielen deutlichen und bestimmten Bilder, welche noch vor kurzem an ihm vorbeigezogen waren. Eine unbeschreibliche Angst, ein bleiernes Alpdrücken schien auf jedem Sinn zu lasten und die Entstehung jeder vernünftigen Idee zu vernichten; und nur mit Mühe gewann ich die Überzeugung, daß ich wirklich noch lebte. Während ich beim Ertrinken jedes Schmerzes ledig gewesen war, hatte ich jetzt mit vielen körperlichen Qualen zu kämpfen; und obgleich ich seitdem öfter verwundet worden bin und zuweilen schmerzhafte chirurgische Operationen zu bestehen hatte, so waren doch damals meine Schmerzen weit bedeutender; ich fühlte mich in jeder Hinsicht von Leiden gequält. Einst erhielt ich einen Schuß in die Lunge und mußte in der folgenden Nacht mehrere Stunden auf dem Verdeck liegen, wobei ich noch aus anderen Wunden blutete und zuletzt ohnmächtig wurde. Da ich sicher glaubte, daß die Verwundung in der Lunge tödlich sei, so hatte ich die bestimmte Überzeugung, daß ich mich unrettbar in der Lage eines Sterbenden befände. Aber dabei empfand ich nicht das Geringste von den Vorgängen, welche sich bei dem Ertrinken einstellten und als ich die Augen wieder öffnete, gelangte ich zu einem deutlichen Bewußtsein meines wirklichen Zustandes. Wenn diese unfreiwilligen Erfahrungen, welche ich in der Nähe des Todes gemacht habe, für Sie einiges Interesse haben, so sind sie sicherlich nicht vergeblich erduldet worden von Ihrem

F. Beaufort."

Dieser Brief rührt von dem englischen Admiral Beaufort her, welcher ihn im Jahre 1828 als Schiffskapitän an den Dr. Wollaston schrieb. Er befindet sich in der 1852 erschienenen Schrift des Engländers Haddok: *Somnolismus und Psychismus* abgedruckt.

5.

Die von mir beobachtete Somnambüle tat Rückblicke in ihr ganzes vergangenes Leben, berichtete Ereignisse aus ihrer frühesten Jugend (die Wahrheit ihrer Aussagen ward erwiesen) und erhielt namentlich über ihren moralischen Zustand bis in die verborgensten Gedanken Licht, was nach ihrer Aussage ein jeder im Tode erhalten wird.[242]

6.

Magdalena Wenger, ein einfaches Bauernmädchen, verfiel in somnambüle Zustände, in welchen sich ihre geistigen Kräfte

---

[242] Passavant, *Untersuchungen über den Lebensmagnetismus.* S. 99.

(137)

bedeutend steigerten. Dr. Perty, Prof. in Bern, der sie beobachtete, hat in seinem Buch: *Die mystischen Erscheinungen der menschlichen Natur*, Leipzig und Heidelberg 1861, Nachrichten von ihr gegeben. Über die Vorgänge beim Sterben sagte sie: „Wenn der Geist den Körper verlassen, so werfe er auf diesen einen kurzen, aber schaudernden Blick zurück. Der Tod des Weltmenschen pflege der schwerere zu sein. Es dränge sich in den letzten Momenten das ganze Leben des Menschen in einen äußerst kleinen Raum zusammen; es erscheine, selbst wenn es 80 Jahre gedauert, ganz kurz und alle Bedrängnisse desselben unbedeutend. Dabei stehe alles äußerst klar vor dem Blick der Erinnerung. Nach der Trennung des Geistes und der Seele vom Leib trete ein Gefühl von Leichtigkeit ein. „Man fühlt sich ganz leicht."[243]

7.
Auszug aus einem Bericht des Pfarrers Kern in Hornhausen an die preußische Regierung in Halberstadt im Jahre 1733.

Johann Schwertfeger war nach einer langwierigen, schmerzhaften Krankheit dem Tode nahe. Er ließ mich rufen, nahm das heilige Abendmahl und sah mit Heiterkeit dem Tode entgegen. Bald fiel er in eine Ohnmacht, die eine Stunde währte. Er erwachte, ohne etwas zu sagen. Nach einer zweiten Ohnmacht, die etwas länger dauerte, erzählte er eine Vision, die er gehabt habe. Eine Stimme rief ihm, er müsse wieder zurück und sein Leben untersuchen. Dann solle er vor dem Richterstuhl Gottes erscheinen. Die ersten Worte nach seinem Erwachen waren die: „Ich muß wieder fort, aber das wird ein schwerer Stand sein; ich werde zwar wiederkommen, aber nicht so bald wie zuvor."

Nach zwei Tagen verfiel er in eine dritte Ohnmacht, die vier Stunden dauerte. Seine Frau und Kinder hielten ihn für tot, legten ihn auf Stroh und waren im Begriff, ihm das Totenhemd

---

[243] Perty, a. a. O. S. 287 f.

anzuziehen. Da schlug er seine Augen auf und sagte: „Schickt nach dem Prediger, denn ich will ihm offenbaren, was ich er fahren habe." Sobald ich in die Stube trat, richtete er sich von selbst auf, als hätte ihm nie etwas gefehlt, umarmte mich fest und sprach mit fester Stimme: „Ach, was habe ich für einen Kampf ausgestanden!" Der Kranke übersah sein ganzes Leben und alle Fehler, die er in demselben begangen hatte, selbst die ihm ganz aus der Erinnerung gekommen waren. Alles war ihm so gegenwärtig, als sei es erst jetzt geschehen. Die ganze Erzählung schloß damit, daß er am Ende herrliche Töne vernommen und einen unaussprechlichen Lichtglanz geschaut habe, wodurch er in große Wonne versetzt worden sei. „Aus solcher Freude bin ich nun wieder in dieses Tal des Jammers zurückgekommen, in welchem mich alles anekelt, nachdem ich etwas Besseres erfahren. Auch will ich den himmlischen Geschmack nicht mit irdischer Speise und Trank vermischen, sondern so lange warten, bis ich wieder in meine Ruhe komme."

Merkwürdig war es, fährt der Prediger fort, daß ihn die Krankheit verlassen. Denn er war nach der letzten Ohnmacht stark, frisch und gesund und von allen Schmerzen befreit, da er doch vorher kein Glied rühren konnte. Die Augen, welche vorhin trieften, trübe und tief im Kopf lagen, waren so hell und klar, als wären sie mit frischem Wasser gewaschen worden. Das Gesicht war wie eines Jünglings in seiner Blüte. Inzwischen sagte der Kranke voraus, daß er in zwei Tagen sterben würde, was denn auch eintraf.[244]

8.

Ein berühmter Geistlicher, dem Beobachtungsgabe nicht abgesprochen werden kann, hat mir oft erzählt, wie sich im Augenblick des Einschlummerns eine unbeschreibliche Heiter-

---

[244] Passavant, *Untersuchungen über den Lebensmagnetismus.* S. 165.

keit über sein ganzes Wesen ausgieße, wobei sich zugleich die Seele in der feinsten sittlichen und geistigen Tätigkeit befinde. Alle seine Fehler stünden dann in höchst peinlicher Art vor ihm da; je reiner sich hingegen sein Herz fühle, desto seliger sei jener Mittelzustand von Wachen und Schlaf. Von allem, was Traum heißt, sei dieser Zustand unendlich verschieden; so daß seine Klarheit selbst die lebhaftesten Vorstellungen des wachen Bewußtseins weit übertreffe, und daß jede gewöhnliche Art zu existieren gegen diese nur Traum, Schlummer, Tod zu sein scheine. Er werde dann in ganz neue Gesichtspunkte versetzt, in eine Art bildlosen Anschauens, worin doch alles aufs Genaueste unterschieden und ohne alle Verwirrung sei. Dieser Zustand dauere aber gewöhnlich, wie er aus verschiedenen Merkmalen wisse, nur eine Sekunde, wiewohl er ihm nicht so kurz vorkomme; er verschwinde durch eine plötzlich zuckende Bewegung und lasse das wehmütigste Schmachten nach seiner Fortdauer zurück. Bald darauf erfolge das gänzliche Einschlafen.[245]

Es war dies offenbar eine hellsehende, mit einem Selbstgericht der Seele verbundene Todesekstase, wie ich es nennen möchte, und würde wohl in bleibenden Tod übergegangen sein, wenn nicht die Natur, die sich diesem Übergang entgegensetzte, unterbrechend und unterdrückend zu Werke gegangen wäre, wodurch sich die Todesekstase in gewöhnlichen Schlaf verwandelte.

9.

In alldem, was wir von bezüglichen Erscheinungen und Tatsachen, wie schon in früheren Abteilungen, so auch in dieser, ausgehoben und zusammengestellt, ist, bei großer Verschiedenheit der Quellen, eine ebensogroße Harmonie in Aus-

---

[245] Schelling in dem Gespräch: *Über den Zusammenhang der Natur mit der Geisterwelt.* Werke IX. S. 64.

sage und Darstellung bemerklich. Hier – man wird es einräumen – ist fester Boden, reale Grundlage; es sind keine bloßen Phantasien, Theorien und Spekulationen; wir haben ganze Gruppen psychologischer und physiologischer Erfahrungen und Wahrheiten vor uns, auf die wir uns, teils wegen ihrer glaubwürdigen Bezeugtheit im einzelnen, teils wegen ihrer Zusammenstimmung und ihrer sich dadurch charakterisierenden Objektivität und Gesetzlichkeit, verlassen können, aus denen wir sichere Schlüsse zu ziehen imstande sind, die uns einen wunderbar hellen Blick in die, wie es gemeinhin den Anschein hat, so dunklen und unerforschlichen Zustände tun lassen, denen unser Inneres im Tode anheimfällt; so, daß wohl niemand, der diese Blätter aufmerksam gelesen und deren Inhalt ernstlich erwogen hat, an einer mit erhöhtem Bewußtsein und geschärfter Erinnerung verbundenen Fortdauer unserer Persönlichkeit und, namentlich was das Thema dieser letzten Abteilung betrifft, an einem zunächst erfolgenden, zu ihrer Reinigung und Vorbereitung auf die höheren und seligeren Stufen jenseitiger Existenz dienenden moralischen Selbstgericht der menschlichen Seele zweifeln wird.

Abhandlungen.

I.
Seele und Leib.

Analogien aus der Chemie.

Sehen wir uns in Beziehung auf die Verbindung so verschiedenartiger Existenzen und Potenzen, wie Leib und Seele ist, nach Analogien im Reich der Natur um, so bietet uns die Chemie eine sehr entsprechende dar. Stoffe von ganz entgegengesetzten Beschaffenheiten und Eigenschaften haben gerade die meiste Neigung, sich zu einigen, und treten in eine sogenannte chemische Verbindung zusammen, kraft welcher aus den beiden ein Drittes von wieder ganz eigentümlicher Art und Wirkung entsteht.

Indem ein Chemiker[246] die Lehre von der „Wahlanziehung" vorträgt, sagt er: „Als man dies merkwürdige Verhalten der Stoffe zueinander zu erforschen begann, bezeichnete man die dabei tätigen Anziehungskräfte mit dem Namen Verwandtschaft oder Affinität, und betrachtete diejenigen Stoffe, die sich am stärksten anziehen, als die verwandtesten. Diese Ansicht ist aber unrichtig. Denn nach dem gewöhnlichen Sprachgebrauch heißt verwandt, was einander ähnlich ist, sowohl den Eigenschaften, als der Abstammung nach. Nun tritt aber die größte und stärkste Anziehung gerade unter denjenigen Stoffen hervor, bei welchen die größte Unähnlichkeit und Verschiedenheit stattfindet. Wasserstoff und Sauerstoff haben durchaus keine Ähnlichkeit miteinander; sie bilden vielmehr sehr strenge Gegensätze, und daher ist auch das Streben nach Vereinigung so stark, daß sie mit donnerähnlichem Knall und größter Schnel-

---

246 Dr. F. F. Runge.

ligkeit erfolgt, wenn sie beide in Gasgestalt miteinander gemengt sind und man eine Flamme damit in Berührung bringt (Knallgas)." – „Die Anziehung zweier Stoffe geschieht infolge ihrer entgegengesetzten Eigenschaften, die dann in der Verbindung ihre Ausgleichung finden. Wenn sich Sauerstoffgas mit Wasserstoffgas verbindet, so entsteht Wasser, was durchaus keine Ähnlichkeit mit jenen beiden Stoffen hat, da aus ihrer Vereinigung ein ganz Neues, Drittes hervorgegangen ist. Was sich demnach am unähnlichsten ist, den stärksten Gegensatz bildet, wird sich auch am stärksten anziehen etc. Alle chemischen Vorgänge beruhen auf solchen Gegensätzen." – „Wenn zwei Stoffe sich miteinander chemisch verbinden, so hören sie auf, für sich selbst zu existieren, sie gehen gleichsam in der Verbindung unter, fangen aber in dieser ein neues chemisches Leben an. Denn die früheren Eigenschaften der beiden Stoffe sind in ihrer Verbindung nicht mehr erkennbar; sie sind wesentlich verändert, oder es treten vielmehr ganz andere, neue hervor. Hat sich Schwefel und Kupfer zu Schwefelkupfer vereinigt, so hat der Schwefel seine gelbe Farbe, seine leichte Entzündbarkeit, das Kupfer sein Metallartiges, seine rote Farbe, seine Dehnbarkeit und Geschmeidigkeit verloren, das Schwefelkupfer stellt sich als etwas Neues mit neuen chemischen Eigenschaften dar. Und wie verschieden ist die schweflige Säure, eine Luft- oder Gasart von starkem, durchdringendem Geruch, die sich erzeugt, indem sich Sauerstoff mit entzündetem Schwefel verbindet, von ihren beiden Bestandteilen! Dergleichen ist nur dadurch möglich, daß sich Stoffe in ihrer Vereinigung völlig durchdringen und daß sich auf diese Weise dasjenige ausgleicht, was sich in ihren Eigenschaften Entgegengesetztes findet. Man betrachte einmal den Zinnober! Wer sollte darin das lebendige, leichtbewegliche Quecksilber und den leichtentzündlichen Schwefel vermuten? Und doch ist der Zinnober nichts als Schwefelquecksilber! Man braucht nur ein Lot Schwefel in einer gußeisernen Schale zu schmelzen, nach und nach drei Lot Quecksilber hineinzutun und so lange zu erhitzen, bis ein schwarzes Gemenge entstanden ist, um dann durch vorsichtiges Erhitzen in einer Glasretorte Zinnober zu erhalten."

Wir sehen, daß die Annahme einer mit dem Leib verbundenen Seele, als eines der materiellen Beschaffenheit desselben entgegengesetzten Prinzips, etwas der naturwissenschaftlichen Betrachtung ganz nahe Liegendes, somit keineswegs so Chimärisches und Ungereimtes ist, als man es wohl darzustellen sucht. Wir könnten die Sache, von diesem Gesichtspunkt aus betrachtet, getrost in die Natur selbst hinein verlegen, könnten sogar, wenn wir wollten, die Seele selbst, ohne den uns nötigen Dualismus aufgeben zu müssen, als eine Art von Stoff ansehen, die sich mit den von ihr scharf unterschiedenen Stoffen des Leibes verbinde und mit ihnen zusammen die Erscheinung des Lebens bilde. Auf jeden Fall scheint es, als ob die schaffende und waltende Macht im Reich des Lebens eine Art von Chemie im höheren Sinn des Wortes treibe, indem sie so Entgegengesetztes, wie Geist und Materie, Seele und Leib, bald auf das Innigste verbindet, bald wieder in seine Bestandteile zerlegt. Das Wasser scheint dem Ununterrichteten ein ganz einfaches Element zu sein; die Wissenschaft weiß dies anders, sie kennt seine Bestandteile und versteht es, sie uns als solche nachzuweisen. Was Leib und Seele betrifft, so hat sie es, wenigstens was die sinnenfälligen und greifbaren Resultate betrifft, so weit nicht gebracht und wird es auch nie so weit bringen, da sich die eine Seite des Ganzen, die seelische und geistige, ihrer experimentalen Wahrnehmung entzieht. Gleichwohl sind wir genötigt, die beiden Seiten, die physische und psychische, als ein im Leben innig verbundenes, aber doch trennbares und im Tod sich wirklich trennendes Zweierlei zu betrachten. Der Tod ist in Beziehung auf diese Trennung einer chemischen Zersetzung ganz ähnlich, wie wenn man die beiden Bestandteile des Wassers aus ihrer Verbindung bringt, das Wasser in Wasserstoff und

Sauerstoff zerlegt, so wie es durch glühendes Eisen geschieht. Läßt man Wasserdampf durch einen glühenden Flintenlauf streichen, worin sich Eisenfeilspäne befinden, so erfolgt eine Trennung jener Bestandteile; der Sauerstoff verbindet sich mit dem glühenden Eisen zu einer Art von Rost oder Schlacke; der Wasserstoff aber verbindet sich nicht mit dem glühenden Eisen, sondern geht in einen luft- oder gasartigen Zustand über und erscheint als Wasserstoffgas. In dieser Art läßt sich am natürlichsten auch der Vorgang des Sterbens denken; der lebendige Leib wäre dem Wasser analog, der entseelte dem sich mit dem Eisen verbindenden Sauerstoff, die entleibte Seele aber dem zum Wasserstoffgas gewordenen Wasserstoff. Man sagt, daß bei der Zersetzung des Wassers der Wasserstoff frei werde; da spricht die Chemie gerade so, wie der dualistische Unsterblichkeitsglaube, wenn er von dem Freiwerden der Seele aus den Banden des Leibes redet. Was aber jenen, den Geist und die Seele als ein besonderes, auch für sich zu existieren fähiges Prinzip, leugnenden Materialismus betrifft, so dürfte es nicht weniger absurd sein, so gewaltsam negierend gegen diese höhere Seite des organischen Daseins zu verfahren; als wenn der Chemiker das Wasser zum bloßen Sauerstoff, den Wasserstoff aber zu einem reinen Produkt der Phantasie machen wollte. „Alles ist Materie", – „Es gibt keine Seele, keinen Geist; es gibt nur Stoff und Stoffwechsel" – das ist dem ungereimten Satz gleich, den man mit demselben Recht, aber freilich nicht mit demselben Beifall, in der Chemie aufstellen würde: „Alles ist Sauerstoff." – „Das Wasser ist nichts anderes, als Sauerstoff; und der Wasserstoff, seine Scheidung vom Sauerstoff und seine freie, gasförmige Existenz gehört in das Reich der Chimären, der realitätslosen Vorstellungen und Einbildungen."

II.
Über Wachen und Schlaf
und deren Verhältnis zu Leben und Tod.

Oberflächlich betrachtet scheint uns der Schlaf ein Ruhen des ganzen Menschen zu sein, ein Aufhören aller Tätigkeit, was er aber gar nicht ist, wie leicht schon das tiefere, oft hörbare Atemholen lehrt. Die zum Leben des Individuums unentbehrlichen Regsamkeiten, Tätigkeiten, ja Anstrengungen des Organismus, wie Herzschlag, Blutumlauf, Verdauung, absondernde, ersetzende, gestaltende, heilende Geschäfte pflegen auch hier ununterbrochen fortzugehen, so lange das Leben währt, sollte es auch Jahrhunderte dauern. Da ist in Wahrheit kein Stillstand vorhanden; die Lebenskräfte betätigen sich nach innen zu sogar in noch energischerem und erfolgreicherem Grade, namentlich was die, oft so wunderbar wirkenden, tieferen und selteneren Schlafzustände betrifft.

Soll von Seelentätigkeiten, wie Denken, Vorstellen, Wollen, die Rede sein, so sind auch diese nicht aufgehoben. Wir träumen ja, und es sind Gründe vorhanden, zu glauben, daß wir im Schlaf immer träumen, wenn wir uns dessen nachher auch nicht mehr bewußt sind. Es gibt bekanntlich sehr lebhafte Träume, solche, die völlig die Gestalt der Wirklichkeit haben; ganze Geschichten werden im Schlaf von uns erfunden und scheinbar erlebt, worin wir selbst eine passive und aktive Rolle spielen. Dergleichen zu leisten, muß die Phantasie ungemein rege sein. So sind auch die Gefühle und Gemütsbewegungen nichts weniger, als schwach und stumpf: „Wir haben", sagt Dr. Pfaff, „im Traum Freuden, die viel intensiver und entzückender sind, als alle diejenigen, welche wir im Wachen genießen. Wir fühlen im Traum ebenso auch die bittersten Seelenschmerzen, die unser Inneres mehr erschüttern, als irgendein Schmerz im

Wachen vermag." Auch Gedächtnis, Erinnerung, Vernunft und Verstand manifestieren sich in unseren Traumbildern entschieden genug. Wir beschäftigen uns darin mit Problemen, reflektieren, dichten, reimen, rechnen etc., ja es ist oft vorgekommen, daß im Schlaf eine geistige Leistung gelungen, eine Aufgabe gelöst worden ist, zu welcher im Wachen bei aller Anstrengung die Kräfte gebrachen.

So wenig also hat der Schlaf, wie man uns von materialistischer Seite her einreden und aufdringen wollte, die Gestalt der Vernichtung; so wenig ist er ein Analogon des Todes in diesem Sinne.

Von den Sinnesorganen kann man allerdings sagen, daß sie ihre Richtung auf die Außenwelt im Schlaf aufgeben und insofern ruhen; aber auch dies ist sehr relativ zu fassen. Völlig ist das Auge, das Ohr etc., wenigstens in gewöhnlichen Schlafzuständen, niemals abgeschlossen und in einer dem Nichtsein ähnlichen Untätigkeit. Wenn man unter einem monotonen Geräusch, wie in einer Mühle unter dem der gehenden Räder einschläft, und dieses Geräusch plötzlich aufhört, so erwacht man; und wenn man an ein Nachtlicht gewöhnt ist und dieses zu dunkel brennt oder ganz erlischt, so wacht man eben falls auf; was bei dem Schreiber dieser Zeilen stets unfehlbar eintrifft. Das Ohr hört also, das Auge bemerkt auch im Schlaf.

Die Glieder liegen im Schlaf meist bewegungslos, die der Willkür unterworfenen Muskeln sind in Ruhe. Aber doch nicht immer. Man regt sich auch wohl im Schlaf, ein lebhafter Traum bewirkt, daß man demgemäße Bewegungen macht. Ein Schlafender, dem man Wasser in den Mund tröpfelte, wähnte sich mitten in einer großen Flut zu befinden und machte die anstrengendsten Bewegungen eines Schwimmenden.[247] Man stößt träumend auch wohl Laute aus, man spricht im Schlaf. Man denke vollends an das bekannte Benehmen der Nacht-

---

[247] Nach Rudow's *Theorie des Schlafes*.

wandler, ihr Aufstehen vom Lager, Steigen, Klettern, Arbeiten etc.[248] So wenig läßt sich hier eine auf Untätigkeit bezügliche Regel aufstellen, die nicht wenigstens Ausnahmen litte.

Wenn nun aber dieser Zustand so wenig eine wahre Ruhe ist, so fragt es sich, warum er so nötig zum Leben sei, und warum nicht ein bloßes Ausruhen ohne Schlaf ähnliche oder gleiche Dienste tue. Es kommt dazu, daß es Menschen gibt, welche fast gar nicht schlafen oder bei denen gar kein Schlaf stattfindet. Diese Menschen sind jedoch – wahnsinnig. Hieraus sehen wir, daß der Schlaf zum bloßen Fortleben nicht absolut nötig ist, wohl aber dazu, bei Verstand und Vernunft zu bleiben. Er bezieht sich also wesentlich nur auf das Gehirnleben oder auf die im Gehirn tätige Seele.[249] Letztere, auf das Organ beschränkt, wird zu diesem vom Weltall und dem dasselbe durchwaltenden Geist abgesonderten Ich, als welches sich dasselbe im Wachen verhält, eingefaßt und betätigt. Dabei ist sie in Gefahr, sich jener universalen Wesenheit völlig zu entfremden, d. h. Vernunft und Verstand zu verlieren. Denn der Wahnsinn,

---

[248] Das Nachtwandeln ist nach einer Definition von Schubert „ein Traum mit der Befähigung zu willkürlicher, geregelter Bewegung und zu sinnlich wahrnehmbarer Mitteilung nach außen."

[249] „Des Schlafes", sagt Dr. Pfaff, „bedarf nicht unser ganzer Körper, sondern vorzugsweise unser Gehirn; und die sich abends steigernde Schwäche des Gehirnlebens ist als die nächste Ursache des Schlafes zu betrachten. – – – Daß des Schlafes vorzugsweise unser Gehirn bedarf, geht daraus hervor, daß dasselbe dasjenige Organ ist, welches durch längeren Schlafmangel zuerst erkrankt, ein Zustand, der sich durch die sodann eintretende Geisteszerrüttung manifestiert. Ein gesunder Mensch verfällt nach 10-14tägiger gänzlicher Schlaflosigkeit in Geisteskrankheit." – „Unter den Wahnsinnigen", bemerkt Schubert, „gibt es solche, die gar nicht schlafen; bei den anderen dauert der Schlaf wenigstens nur sehr kurze Zeit; eine Melancholische blieb sechs Wochen lang schlaflos. Gewaltsam erzwungenes Wachen führt völlige Dumpfheit und Unempfindlichkeit, in anderen Fällen Wahnsinn herbei.

die Verrücktheit, die Geistesstörung, das Irresein, wie man es nennt, beruht ganz nur auf einer solchen Absonderung. Es ist daher durchaus notwendig, daß die Seele in das Element, aus welchem sie stammt und welches der Grund und die Quelle ihrer normalen, d. h. mit dem Ganzen des Weltlebens übereinstimmenden Denkkraft und Denkweise ist, periodisch wieder eingetaucht werde, um nicht allzu zentrifugal und extravagant zu werden. Dies ist es, was das ganze Leben des Individuums hindurch den gesetzlichen Wechsel des Schlafes mit dem Wachen begründet.[250] Da aber das individuelle Leben überhaupt eine Flucht aus dem Zentrum, ein Zustand der Absonderung und des Für-sich-seins ist, so wird, wie der Schlaf in Beziehung auf das Wachen, ein analoger, aber noch vollkommenerer Zustand dieser Art in Beziehung auf das Leben nötig, damit die Seele nicht gänzlich aus ihrer Wurzel gerissen, ihrer tief inneren geistigen Heimat entfremdet und in eine rein peripherische Äußerlichkeit hinausgeführt werde.[251] Dieser letztere, vollkommenere Schlafzustand ist der Tod.

Und so wird man einsehen, daß der Tod, weit entfernt, ein Untergang der Seele zu sein, vielmehr eine Rettung und Heilung derselben ist, ohne die sie der völligen Entfernung von ihrem göttlichen Ursprung, und damit der absoluten Irrationalität, Zufälligkeit und Äußerlichkeit anheimfallen würde. Der Schlaf ist eine unvollkommene, der Tod eine vollkommene

---

[250] Bei Geschöpfen, welche sich vom Universum nicht so, wie der Mensch, abgebrochen haben und kein so isoliertes Gehirnleben besitzen, findet sich auch weniger Schlafbedürfnis. Das Pferd braucht nur einen 3-4stündigen Schlaf. Bei den niederen Tierklassen gehört der Schlaf wenigstens nicht zu den täglich und notwendig wiederkehrenden Lebenszuständen; man hat Fische sieben ganze Tage lang ein schnelles Schiff verfolgen sehen. Ovington, *Voyage to Surate.* I. p. 45.

[251] Man denke an die Sage vom „ewigen Juden“, dessen Unsterblichkeit als ein Fluch, der ihn getroffen, dargestellt wird.

Zurücknahme und Rückkehr des für sich gesetzten Einzellebens in das universale Weltinnere, welches der Himmel der abgeschiedenen Seele, das von Jesu dem Schächer zugesagte Paradies, die Quelle alles Lebens und aller Seligkeit, ja Gott selber ist. Und so wenig, als der Schlaf das Einzelleben, welches er so wohltätig umfängt und umschleiert, in der Art aufhebt, daß es als solches vernichtet wird und nicht wieder ins Für-sich-sein zurückzukehren vermöchte, ebensowenig wird auch der Tod ein so negatives, destruktives Verschlingen des Individuums sein. Ja, er wird es noch weniger sein, er wird sich noch affirmativer, bejahender, lebensfreundlicher erweisen, als der Schlaf. Dieser bestärkt und befähigt das Individuum zu neuer, eigener Existenz und Betätigung, der tiefste Schlaf am meisten; und vollends der Scheintod beweist bei solchen, die daraus wieder erwachen, die wunderbarste Wiederherstellungskraft. So dürfen wir wohl auch mit voller Bestimmtheit annehmen, daß der Tod den Kern der Individualität, das innere, seelische Selbst des Menschen nicht zerstöre und in eine negative Allgemeinheit pantheistisch auflöse, dasselbe vielmehr nur deshalb in eine so tiefe, für uns dunkle Innerlichkeit zurückversetze, um es daraus zu einer neuen, vollkommen erfrischten Lebendigkeit auf das Persönlichste und Individuellste wieder hervortreten zu lassen.[252]

---

[252] Wie man sich das näher zu denken habe, ob die abgeschiedene Seele schon in jetziger Weltzeit wieder mit einem Leib bekleidet werde, um ihr Leben auf der Erde oder auf einem anderen Weltkörper fortzusetzen, oder ob sie bis zu den großen Katastrophen und Metamorphosen des Erd- und Weltlebens, welche die Religionen als Weltgericht und Auferstehung in Aussicht stellen, in stiller, ruhiger Innerlichkeit beharre, darüber müssen wir, auf unsere nächsten und notwendigsten Zwecke beschränkt, die Frage offen lassen. Sollte unser Unternehmen Beifall und Aufmunterung finden, so wird noch mancher interessante Punkt zur Sprache gebracht werden; denn es ist ein viel umfassendes, so leicht nicht zu erschöpfendes Thema, was wir in

III.
Endymion.

Ein Zeugnis aus dem Altertum.

Der höchst merkwürdige Mythus von diesem seligen Schläfer und der Liebe der Mondgöttin zu ihm verrät uns, wie mich dünkt, deutlich und unabweislich, daß die höhere Bedeutung des Schlafes, namentlich der tieferen Schlafzustände, bereits den Alten sehr wohl bekannt gewesen, daß sie dieselben namentlich in eine tröstliche und erhebende Beziehung zum Tode gesetzt, und daß somit jene trostlos-düstere Vorstellung von Tod und Unterwelt, welche wir als die populäre und gemein mythische vorfinden, nicht die einzige, vielmehr eine noch ganz andere vorhanden gewesen, wenn sich dieselbe auch zunächst in das Dunkel religiöser Lehren und mysteriöser Kulte verbarg.

Endymion ist ein Symbol – er ist ein Bild des Eingehens der Menschenseele in die tiefste, innerste Region des Daseins durch Schlaf und Tod. Endymion heißt in diesem seinem Namen der *Eingehende, Eindringende.* Er schlummert im Berge Latmos, welcher die Region der Latenz, der stillen, vom Äußeren abgekehrten Innerlichkeit und Verborgenheit ausdrückt. Daselbst war ein Adyton des Endymion, ein den Profanen unzugängliches Heiligtum; in einer Grotte des Berges wurde sein Grab gezeigt, das sich aber auch zu Olympia befand – wohl ein symbolisches Grab, den Zustand des Menschen nach dem Tode

---

Angriff genommen. Hier genügt es, gezeigt zu haben, daß unsere Persönlichkeit im Tode nicht untergehe und daß dem Guten und Edlen, wenn er scheidet, eine selige Ruhe in Gott bereitet sei. Sind wir nur darüber gewiß, so können wir uns schon beruhigen, und es ist schon dann etwas entzückend Großes, Folgenreiches, ja Ungeheures erreicht.

bezeichnend, so wie das Adyton wohl ein Ort war, wo man von den Priestern in einen magnetischen Schlaf versenkt wurde.[253] Den Schläfer Endymion, den in die tiefste Region Eingedrungenen, liebt Selene, die Glänzende, die Mondgöttin; dieses Licht der Nacht ist hier ein Symbol des in Schlaf und Tod sich bildenden eigentümlichen Bewußtseins, welches die neueren Zeiten als somnambüles zu bezeichnen pflegen; dagegen die Sonne, Helios, das gewöhnliche, wache Bewußtsein, das „Tagleben" des Menschen darstellt. Endymion wird mit dem Hund abgebildet; ein Sarkophag auf dem Kapitol zeigt ihn ruhend im Schoß des Schlafgottes; neben ihm den Hund an eine Herme gebunden; ein anderes Basrelief auf dem Kapitol stellt ebenfalls den Schlafenden dar, und neben ihm den Hund mit aufgerichtetem, der Göttin zugewandtem Kopf. Der Hund ist ein Bild des Wachens; Schlaf und Wachen sind hier also vereint, wie auch wir von einem „schlafwachen" Zustande sprechen. Weil der Tod dem somnambülen Zustand analog gedacht wurde, so war Endymion zugleich ein Bild des Todes und ist auf Särgen zu sehen, zur Anzeige, daß das Bewußtsein mit dem Tode nicht verlorengehe, sondern nur ein anderes werde, sofern wir im Tode statt des gemeinen, offenbaren, welches dem Licht des Tages entspricht, eines höheren, geheimen teilhaftig werden, wie es im inneren, göttlichen Wesen der Dinge vorhanden sei. Endymion vertreibt aus Elis den König Klymenos, d. h. den Todesgott einer älteren, düsteren Vorstellung, gegen welchen diese Lehre kämpft, indem sie einer schöneren, lichtvolleren Ansicht Bahn zu brechen sucht; denn Klymenos ist ein

---

[253] Der Tempelschlaf oder die Inkubation der Alten (der Ägypter, Griechen und Römer) ist bekannt. Unter besonderen, nicht auf uns gekommenen Gebräuchen verfielen entweder die Kranken selbst oder die Priester der heilenden Gottheit in Schlaf, und es erschien ihnen dann das Traumbild des Gottes und gab die zur Heilung nötigen Regeln und Mittel an.

Beiname des Hades.[254] Wegen dieses Gegensatzes war Endymion ein Sohn des Æthlios, welcher Name *Kampf, Wettkampf* ausdrückt; er sollte aber auch ein Sohn des Zeus und der Protogeneia, der Erstgeborenen sein; dieses ist die göttliche Intelligenz, welche die Alten als Metis, Pallas Athene, Sophia, Logos, persisch Honover zur weiblich oder männlich dargestellten Erstgeburt des göttlichen Wesens machten. Der Sohn und Nachfolger des Endymion in Elis ist Epeios, der infolge eines Wettkampfes die Herrschaft erhält; auch hat Endymion eine Tochter, Eurykyde; diese Namen besagen: *Rede, Verkündigung*; es ist die süße, tröstliche Kunde und Lehre, welche aus jenem schlafwachen Bewußtsein des Menschen entspringt, namentlich in Beziehung auf jenes tiefe, innere Wesen der Dinge und auf das Eingehen des Menschen in dasselbe im Tode. Die Abbildung des Endymion auf dem erwähnten Sarkophag hat auch diesen Zug, daß während jener am Fuß des Latmos schlummert, eine Nymphe von oben einen Quell ergießt; der soll wohl den Quell des neuen Lebens bedeuten, der für den Menschen im Tode entspringt, vielleicht in Beziehung auf Metempsychose; oder es soll anzeigen, daß sich der Durst des Menschen nach höherer Erkenntnis im Tode gestillt sehen werde.

Auch ein Sohn der Kalyke soll Endymion gewesen sein; *kalyx* heißt *Hülse, Schale*, besonders der die Blume einschließende *Kelch, Rosenknospe, unaufgebrochene Rose*; auch hier wird ein mysteriös verhülltes, schönes Geheimnis angedeutet. Ein Sohn des Endymion war Paion, der Arzt, weil der magnetische Schlaf auch zum Heilmittel für Krankheiten dient, wenn sich der Name nicht vielmehr auf die durch die bessere Lehre vom Tode geheilte Unruhe der Seele bezieht.

---

[254] Vergl. die in den *Aphorismen*, VII., S. 184 bis 187, zitierten Stellen von Plato und Plutarch.

Nachträge und Zusätze.

Zu Abt. I. „Eingang."

1.

„Es wird eine Zeit kommen, und sie ist nicht mehr fern, wo man die Frage nach den seelischen Kräften oder der Seelensubstanz neu aufnehmen und zu der Überzeugung kommen wird, daß die Phänomene des Lebens der organischen Körper ohne dieses dritte, mit den uns bekannten chemischen und physischen Kräften zusammenwirkende Moment nicht zu verstehen sind."[255]

2.

In Beziehung auf den materialistischen Satz: Nihil est in intellectu, quod non antea fuerit in sensu[256], heißt es in der soeben zitierten Schrift, S. 79 f.: „Ein sorgfältiges Studium der psychologischen Phänomene bei Taub- und Blindgeborenen oder bei Individuen, die frühzeitig gesicht-, gehör- und geruchlos geworden, wie der merkwürdigen Laura Bridgman in Boston, machen es wahrscheinlich, daß sich die Seele gewisse Vorstellungen bilden kann, deren Entstehung nicht auf gehabte sinnliche Eindrücke zu reduzieren ist."

3.

Es wären Fälle zu nennen, welche ein Vermögen der Menschenseele beurkunden, schon gleich nach ihrem Eintritt in die äußere Region des Erdlebens sich in einer Weise zu offenbaren, welche die nötig scheinende, naturgemäß-organische Entwick-

---

[255] Rudolph Wagner, *Der Kampf um die Seele*. Göttingen 1857, S. 102.
[256] „Der denkende Mensch ist die Summe seiner Sinne", wie sich Moleschott ausdrückt.

lung überfliegt und ein gewisses Bewußtsein oder eine gewisse Ahnung von Dingen verrät, worüber sie noch keine Erfahrung zu machen, wovon sie noch keine Kenntnis zu erwerben imstande war. Ein Beispiel der Art bietet die Lebensgeschichte des Philosophen Leibniz dar. Er wurde am dritten Tag nach seiner Geburt getauft. In dem Augenblick, wo der Geistliche das Kind auf dem Arm hielt, um die kirchliche Handlung zu vollziehen, richtete sich dasselbe auf und ließ sich emporgehaltenen Hauptes und Auges mit dem Taufwasser benetzen. Es entstand darüber bei den Anwesenden eine große Verwunderung; der Vater verzeichnete die auffallende Tatsache in seiner Hauschronik und schloß daraus, daß dieses Kind zu etwas ganz Außerordentlichem bestimmt sei und aufwachsen werde.[257]

So bald erfolgende, ganz unvermittelte Kundgebungen seltener Geisteskräfte werden freilich nur wenige aufzufinden sein. Es gehören übrigens alle frühreifen Genies und sogenannten Wunderkinder hierher. Eine ganz erstaunliche Charakterstärke, namentlich die Kraft, Verwundungen, ärztliche Operationen, sowie anhaltendere Leidenszustände zu ertragen, ohne auch nur einen Klagelaut oder ein anderes Zeichen der Erschütterung, des Schmerzes und der Ungeduld von sich zu geben, soll die heilige Rosa von Lima in einem Alter von drei und vier Jahren bewiesen haben. Wenn es mit diesen Relationen seine Richtigkeit hat, so leistete das zarte, weibliche Wesen in dem bezeichneten Punkt mehr, als oft selbst die Reife des besonnenen männlichen Alters vermag. Über den Ursprung und die Natur solcher Seelen ist der Schleier eines großen Geheimnisses gebreitet.

Es fallen endlich in eine so frühe Lebenszeit auch erschreckend-wundersame und rätselhafte Erscheinungen, die in ihrer Art ebensosehr die Übermacht des Psychischen über das

---

[257] Vergl. R. Wagner in der zitierten Schrift S. 179, wo die väterliche Bemerkung wörtlich ausgehoben ist.

Physische ins Licht zu stellen geeignet sind. Dahin gehört z. B. der kaum glaubliche Fall, den jedoch zuvörderst der wahrheitsliebende Greding und nach ihm viele andere erzählt haben. Eine blödsinnige Frau gebar ein rasendes Kind. Der Knabe besaß im neunten Monat seines Lebens eine solche Stärke der Muskeln und Gelenke, daß er öfters von vier starken Weibspersonen kaum zu halten war. Der Anfall endete mit einem unbeschreiblichen Lachen; oder er riß vor Zorn alles, was ihm in die Hände kam, Kleider, Betten, leinene Sachen in Stücke. Ließ man ihn allein, so stieg er auf Bänke und Tische und kletterte an den Wänden empor. Er starb beim Durchbruch der ersten Zähne an Auszehrung und Erstickung.[258]

4.

Der Physiologe Eschricht[259] geht die ganze Reihe der Tiergehirne durch, vergleicht damit das menschliche und spricht dann als Resultat die Sätze aus: daß die Organisation des Menschen keinen neuen Haupttypus in der Tierreihe bilde und daß sein Gehirn dem der Säugetier, besonders dem des Affen, in allem Wesentlichen ähnlich, nur etwas größer und mit mehreren Windungen versehen sei. Er stellt jedoch der Demütigung, die uns daraus zu erwachsen scheint, die Bemerkung entgegen: „Sollte nicht gerade darin der Stolz und Trost des Menschen liegen? Denn seinen Stolz setzt der Meister doch darein, daß er mit einem Werkzeug, welches auch anderen dient, die keine Meister sind, das bessere Werk vollführt. Und ein Trost für den Menschen ist es doch, wahrzunehmen, daß er das, was er ist und leistet, nicht seinem Gehirn verdankt."

5.

Rud. Wagner, über die Hirnbildung der Mikrokephalen handelnd, macht die Bemerkung: „Von ganz besonderer Wichtig-

---

[258] Vering, *Psychische Heilkunde*. III. S. 82.
[259] *Das physische Leben*. Berlin 1852. S. hier besonders S. 308. 506 ff.

keit ist es, ob wirklich, wie in dem Fall des von Joh. Müller beschriebenen Idioten, Zeichen eines langen Latentbleibens von Vorstellungen und selbst eingeprägten Worten, die vielleicht früher gar nie zur Äußerung kamen, unter gewissen Umständen, wie in Fieberdelirien, vorkommen, – welche Erscheinung sich an die bekannten Fälle von Geisteskranken anreihen würde, die kurz vor dem Tode, selbst nach langer Krankheitsdauer, die Integrität ihrer Geisteskräfte wiedererlangen."[260]

6.

Prof. Christ. Jos. Fuchs[261] sagt: „Es ereignet sich gar nicht selten, daß berauschte und durch den Rausch in geistige Verwirrung geratene Personen augenblicklich wieder zur Besinnung kommen, wenn eine heftige Erschütterung ihr Gemüt ergreift, wie z. B. eine ihr Eigentum bedrohende Feuersgefahr oder der Tod einer geliebten Person. Wie ließe sich das erklären, wenn man nicht die Übermacht des Geistes über den Körper anerkennen und zugleich annehmen wollte, daß jene rein geistigen Einwirkungen erschütternder Art eine Sammlung des Bewußtseins hervorbrächten, die es möglich mache, selbst mit berauschten Organen klar zu denken!" Ferner: „Es kommt gar nicht selten vor, daß solche, die im Fieber phantasieren, sogleich wieder in einen ordentlichen Ideengang geraten, wenn sie durch eindringliche Ansprache zur Sammlung des Selbstbewußtseins gebracht werden, trotzdem, daß sich ihr Hirnstoff in einem abweichenden Zustand befindet." Ferner: „Wenn die Seele durchaus abhängig vom Körper wäre, wie sollte es möglich sein, durch festen Willen zu einer bestimmten Zeit aus dem Schlaf zu erwachen; oder sich durch Einbildung Krankheiten anzueignen, und durch festen Willen Krankheit in

---

[260] *Nachrichten v. d. G. A. Univ. und der k. Gesellsch. der Wiss. zu Göttingen 1861.* Nr. 22. Dr. H. Asverus, *Notizen 1862.* Bd I. Nr. 4.
[261] *Das Seelenleben der Tiere im Vergleich mit dem des Menschen.* Erlangen 1854. S. 95 ff. 45 f.

Gesundheit zu verkehren; wie endlich sollte es möglich sein, daß nicht selten kurz vor der Auflösung des Leibes der Geist klar wird!"

7.

Dr. Ozanam[262] gibt die Geschichte eines ganz blödsinnigen und sprachlosen Kretinen, der, von einem wütigen Hund gebissen, während der Krankheitsanfälle sich durch die Sprache ausdrücken und verständlich machen, ja selbst den Wunsch ausdrücken konnte, in der Religion unterrichtet zu werden. Diese erstaunliche Tatsache gehört unter die schlagendsten Beweise, daß das Leben der Menschenseele nie so tief herabgesetzt und so ganz zugrunde gerichtet ist, daß es sich nicht auf irgendeinen besonderen Anlaß hin auf einmal wieder erheben könnte, und daß namentlich Mängel der Hirnbildung oder krankhafte Beschaffenheiten des Gehirnes, wenn jener degradierte Zustand darauf beruhen sollte, kein absolutes Hindernis der Erhebung sind.[263]

8.

Joh. Müller[264] sagt: „Ich bin weit entfernt, zu glauben, daß eine Veränderung im Bau des Hirnes das Wesen der Seele verändern könne. Die Existenz derselben hängt von dem unverletzten Bau dieses Organes nicht ab; ihr Dasein spricht sich dem Wesen nach auch in an deren Teilen, selbst in solchen aus, die von dem Einfluß des Gehirnes getrennt sind. Das Wesen der Seele ist nicht auf das Gehirn beschränkt, aber die Äußerung derselben hängt von ihm ab. Zu dieser Äußerung ist der ganze Apparat der Hirnfaserungen nötig; aber das Wesen

---

262

[263] *Une visite à la colonie de l'Abendberg.* Paris 1862.
[264] Nach einem Zitat der *Notizen aus dem Gebiete der Natur und Heilkunde* von Dr. Asverus 1862. Bd. II. Nr. 12. Joh. Müller hat sich so auch in seiner *Physiologie* ausgesprochen.

der Seele, ihre latente Kraft scheint durch keine Hirnwirkung bestimmbar zu sein." Es gibt jedoch Tatsachen, welche darzutun scheinen, daß die Vermögenheiten unseres geistigen Inneren unter gewissen Umständen selbst über diese Bestimmung hinauszureichen imstande seien. So die in vorhergehender Nummer angeführte, wo ein völlig geist- und sprachloser Kretin auf einmal Verstand, Sprache und sogar Verlangen nach höheren Dingen bekam, die in Nr. II. 16 ausgehobene, wo eine Hirnverletzung Wahnsinn und Gedächtnisverlust zur Folge gehabt, bei magnetischer Behandlung jedoch Vernunft und Gedächtnis vollkommen wiederhergestellt erschien, und die Nr. I. 9. verzeichnete, wo ein Mensch mit ganz zerstörtem Gehirn sich gleichwohl noch verständig zu äußern vermochte. Auch an die verstandesklar sterbende, seit Jahren Wahnsinnige, nebst Sektionsbefund, Nr. VI. 14., kann erinnert werden. Fälle von ganz zerrüttetem, aufgelöstem, vereitertem oder verhärtetem Hirn, dessen Verderbnis die Seelentätigkeit doch nicht vernichtet hatte, haben sich der Untersuchung öfters dargestellt. Die bekannte Ausflucht der Seelenleugner, daß bei der Paarigkeit der Hirnorgane im Fall der Untätigkeit einzelner Teile andere ihre Stelle übernehmen können, fällt hier weg. Vergl. Voigtel's *Handbuch der pathologischen Anatomie mit Zusätzen von Meckel* I. S. 586. Schubert, *Geschichte der Seele* unter der Aufschrift: *Frage nach der Seele und ihrem Sein.* Ennemoser, *Über Ursprung und Wesen der menschlichen Seele*, Stuttgart und Tübingen 1851, und andere Literatur. „Das geistige Leben", sagt letzterer, S. 156, „ist oft so latent, daß alle Teile des Gehirnes, wohin man – dieser hier, jener dort – den Sitz der Seele setzte, verletzt, ja die ganze Masse desselben zerstört gefunden wurde, ohne daß die Geistesfunktionen aufgehoben oder wohl gar nur wesentlich gestört worden waren. Ganze Glieder können weggenommen werden, ganze Provinzen des Leibes absterben und der Geist empfindet und denkt mit unverlorenem Selbstbewußtsein." Und S. 123:

„Die Pathologie erzählt viele Beispiele, woraus sich die Möglichkeit ergibt, daß bei schweren Körperverletzungen, bei Gehirnkrankheiten, ja bei der Auflösung im Sterben die Geistestätigkeit nicht nur mit der Schwäche des Leibes nicht sank, sondern sich freier erhob, als je zuvor. – – – Darwin und andere erzählen Fälle von Gehirnverletzungen, wonach Menschen monatelang in völlig unbewußtem Zustand ihr Leben, wie im Todesschlaf, hinbrachten, dann aber auf einmal mit verstärkten Geisteskräften erwachten." Daß im Angesicht solcher Erfahrungen und Zeugnisse die nur dem Ignoranten zu imponieren vermögenden Darstellungen und Behauptungen materialistischer Denkarten alles Gewicht und alle Überzeugungskraft verlieren, der Glaube an Seele und Geist in vollem, unverkümmerten Sinn des Wortes dagegen auch empirisch gestützt und gerechtfertigt ist, wird jedem unserer Leser einleuchtend sein.

Zu Abt. V.
Ungewöhnliche Schlaf- und Seelenzustände mit Beziehung auf Sterben und Tod.

Ein werter Freund teilte mir Folgendes mit:

Seit Jahren körperlich leidend und mit mancherlei Krankheiten behaftet, sowie auch innerlich ohne Erhebung und Trost, in düsterer, irreligiöser Stimmung hinlebend und fast nie seine Zimmer verlassend, hatte er in letzter Zeit mehrere Nächte schlaflos auf dem Sofa zugebracht, als er in solcher Nacht in einen ganz eigentümlichen Zustand geriet, den er für ein tödliches Hinscheiden hielt, der aber nichts Schmerzliches und Schreckhaftes für ihn hatte. Vor seinen Augen war es hell und licht; die räumlichen Anschauungen und Empfindungen schwanden; es war ihm, als ginge er in ein anderes, freieres, schrankenloseres Sein über, und dieses Gefühl war ihm wonnevoll.[265] In der Meinung, so sein Leben zu beschließen, wollte er auf die eintretende Katastrophe seine Umgebung aufmerksam machen und rief mehrmals: „Ich sterbe!" Man kam ihm zu Hilfe und der Zustand ging vorüber.

Es folgte jedoch noch etwas damit, wie es scheint, Zusammenhängendes. Einige Tage später, an einem Sonntagmorgen, da er über sein Verhältnis zur Religion nachdachte,

---

[265] Das Wohl- und Wonnegefühl, welches in solchen mit dem Tode verwandten Zuständen, sowie im wirklichen Sterben vorkommt, dient zum Beweis, daß das uns im Tode aufnehmende Element kein negativ und destruktiv allgemeines, kein pantheistischer Moloch und „allverschlingendes Ungeheuer" ist. Denn der Übergang in ein solches müßte vielmehr als eine dem individuellen und persönlichen Wesen des Menschen widerfahrende Gewalt, als eine finster-feindliche, bis ins Innerste hinein tötende Verneinung seiner Selbstheit und Eigenheit empfunden werden.

ging mit einem Male, ebenfalls wieder unter Lichtwerden vor den Augen, eine Veränderung in seiner Denkart vor, die ihn zu einem gläubigeren Verhalten zurückführte und ihm zu wesentlicher Beruhigung und Erheiterung der Seele gereichte. Es schließt sich dies interessante Erlebnis an die oben Nr. V. 35. beigebrachten Erfahrungen an, besonders an die von Ideler beschriebene; vergl. auch Rahel's Traum und den Zustand, in den Karoline von Wolzogen geriet. Nr. VII. 18. Dergleichen mit dem Sterben und dem Zustand nach dem Tode in so einleuchtender Verwandtschaft stehende Lebensmomente sind für den leiblich und geistig Kranken, Gebrochenen und Verfinsterten die wundersamsten Lebens-, Erkenntnis- und Friedensquellen, und man hat diejenigen zu beneiden, welchen solche zuteil werden.

Zu Abt. VI.
Über Todesnähe und Sterben.

1.

„Ein sehr interessantes Studium ist das der Schwäche, bei der sich die Helden des Wissens nicht viel aufzuhalten pflegen. Ich bin bei ganz kleinen Kindern in die Schule gegangen; ich habe jahrelang die schwache Hand kranker Menschen gehalten und habe öfters vor der allergrößten menschlichen Ohnmacht gestanden – vor dem Bett des Sterbenden. Und was meinst du, daß ich da gesehen und gelernt habe? Ich habe die Flamme eines ewigen Lichtes gesehen, das da schon aus den Augen und Gebärden des Unmündigen strahlte; ich habe eine moralische Kraft und Stimmungen des Gemütes gefunden, welche nicht vom Leiblichen stammten und den Szenen dieser Welt nicht entsprachen, sondern die Bedeutung höherer Zwecke hatten; ich habe eine Macht des Geistes bewundert, die unmöglich mit dem letzten Atemzug erlöschen kann, sondern in eine Welt der Zukunft hinüber wirken muß."[266]

2.

Jean Paul konnte sein Werk: *Selina oder über die Unsterblichkeit*, welches dann, so weit es zustande gekommen, zu Stuttgart und Tübingen 1827 erschien, nicht mehr vollenden, da ihn der Tod abrief. Von den Fragmenten und einzelnen Gedanken, die hier im 2. Teil angefügt, sind einige mit Noten begleitet, worin es heißt, er habe sie in den letzten Lebenstagen (bei schon fast erloschenem Augenlicht) mit „unsicherer, irrender, fehlender" Hand, „zerrütteter" und dann „noch mehr zerrütteter" Schrift aufgezeichnet. Ein solcher Gedanke ist z. B. der

---

[266] Ennemoser, *Über den Ursprung und das Wesen der menschlichen Seele*. Stuttgart und Tübingen 1851. S. 125.

folgende: „Hinge Erinnerung ganz nur vom Gehirn ab und wär' es nicht im Geiste aufbewahrt, so könnte keine Gehirnverbesserung wieder erinnern."[267] Mit ganz zerrütteter Handschrift fand sich aufgezeichnet: „Der gelingende Vorsatz, zu einer bestimmten Stunde zu erwachen, läßt sich nur durch ein fortwährendes Zählen im Schlaf ausführen, wie der Wahnsinnige und der Magnetisierte ebenso ihre Zeit ohne Glocke messen." Auf diese Weise blieb des Mannes kräftiger Geist noch mitten im tödlichen Hinschwinden der körperlichen Kräfte tätig. Was sollte der Tod einem solchen Genius anhaben können?

3.

Heinrich Heine schrieb am 4. Mai 1847 an Varnhagen: „Meine Gemütswärme ist bis zur Flamme erhöht, während die äußerliche Lähmung mich umschleicht."[268]

4.

In gewissen Krankheitsfällen, wo „eine ungemein große Kraftlosigkeit in der Bewegung und in der Beherrschung der zu bewegenden Körperteile" besteht, kommt es dennoch vor, daß manche auf ihren Wunsch hin aus dem Bett gehoben werden, sich auf einen Sessel niederlassen und daselbst sterben.[269]

Vanini erzählt von seinem Vater, wie er in todkrankem Zustand sein Bett verlassen, um stehend zu sterben.

---

[267] Der Sinn ist wohl dieser: Wenn das Gedächtnis von gewissen bildlichen Eindrücken im Gehirn abhinge und dieselben durch eine Wunde, ein Geschwür u. dergl. zerstört würden, so blieben sie selbst im Fall der Heilung verwüstet und verwischt, und es könnte infolge dessen keine Erinnerung mehr stattfinden.

[268] Aus dem Nachlaß Varnhagen's v. Ense. Leipzig 1863.

[269] *Allg. Zeitschrift für Psychiatrie.* XVI. 3. - Froriep's *Notizen* 1859. Bd. III. Nr. 14.

Schubert[270] spricht von der Möglichkeit, noch in den letzten Augenblicken des Lebens große Willens- und Muskelkräfte zu entfalten. „Schwere Gewichte, womit man die zerbrochenen Beine eines Sterbenden gehalten, wurden im Moment des Sterbens mit Leichtigkeit bewegt; andere haben den starken Armen der Umstehenden getrotzt und sich schon im Verscheiden mit Gewalt erhoben. Sterbende Helden haben noch den letzten Augenblick ihres Lebens durch ungeheure Anstrengung besiegelt, in welcher sie fast übermenschlich wirkten." – „Solche, die an tödlichen Verwundungen starben, erfüllte zuweilen ein heldenmütiger Eifer mit außerordentlicher Kraft; und ein scheinbar schon Verscheidender, sich noch einmal vom Schlachtfeld erhebend, bestrafte den unmenschlichen Hohn eines triumphierenden Feindes mit dem Tode." – „In manchen Fällen gibt die Seele eine Macht selbst über die Bewegungen der bereits erstorbenen Glieder kund, eine Macht, das Leben des Leibes noch gegen den Willen der Natur zu erhalten. Öfters hat das Sehnen nach dem letzten Anblick eines abwesenden Sohnes oder Geliebten die Seele in dem sterbenden Leib bis zu dem Augenblick erhalten, wo der heiße Wunsch des Wiedersehens erfüllt worden war." – Muley Maluk, Kaiser von Marokko, lag hoffnungslos an einer Abzehrung darnieder, als Don Sebastian, König von Portugal, mit seiner Armee nahte, um Marokko zu erobern. Der Todkranke trifft sofort mit größter Geistesgegenwart die kräftigsten Maßregeln und rückt in einer Sänfte mit seinem Heer dem Feind persönlich entgegen. Am Tag der Schlacht fühlt er sich seinem Ende ganz nahe. Gleichwohl läßt er sich unter dem ganzen Heer herumtragen und ermahnt alle zur Tapferkeit. Der Kampf beginnt; die Seinen weichen. Da wirft er sich, wiewohl

---

[270] *Ahnungen einer Geschichte des Lebens.* T. II. Bd. 1. S. 35 f. *Geschichte der Seele*, an mehreren Orten, namentlich unter der Aufschrift: *Scheintod, Tod und Verwesung* und *Die Macht der Seele über den Leib.*

er schon in den letzten Zügen geschienen, aus der Sänfte heraus, bringt die Armee wieder in Ordnung und führt sie zum Angriff zurück, wobei sie den Sieg gewinnt. Hierauf läßt er sich in seine Sänfte zurücktragen und ist nach wenigen Minuten tot.

„Zuweilen hat das schon dunkelnde und dem Erstarren nahe Auge des Sterbenden eine lieblich oder furchtbar sprechende Kraft, wenn die Zunge nicht mehr zu reden vermag. Diese sprechende Kraft des sich noch einmal öffnenden Auges wurde selbst an dem Kopf eines Enthaupteten bemerkt, mit dessen Reizbarkeit und Empfindung unziemliche Versuche gemacht wurden. Die Muskeln, welche Auge und Augenlied bewegen, scheinen auch dann noch einer Wirksamkeit fähig, wenn weder die Zunge, noch der deutende Finger sich ferner zu regen vermag. Eine an Hektik Verschiedene, die seit länger als einer Viertelstunde zu atmen aufgehört und aus deren erkalteten Gliedern alles Leben entflohen schien, schloß noch aus eigener innerer Kraft die offen starrenden Augen, als die Umstehenden eines das andere vergeblich zu diesem Dienst ermahnten.

Zu dieser Ausgabe.

Der Text dieser Ausgabe folgt dem Buch:
Der Tod des Leibes – kein Tod der Seele.
Zeugnisse und Tatsachen der Jahrhunderte vor und nach Christus für den
Glauben an Unsterblichkeit.
Zur Belehrung und zum Trost für Zweifelnde zusammengestellt von G. F.
Daumer, Professor. Dresden, 1865.
Der Text wurde in die traditionelle deutsche Rechtschreibung
übertragen, und zum besseren Verständnis für den
heutigen Leser sprachlich bearbeitet.